Heike Wendler

Weihnachtsglück auf Samtpfoten

Die schönsten Katzengeschichten

W0088244

Heike Wendler

Weihnachts-glück

auf Samtpfoten

Die schönsten
Katzengeschichten

Bilder
Titelbild, S. 7, 9, 13, 30, 32, 36, 41, 46, 52, 55, 78: © stock.adobe.com/Mimomy,
S. 18: © stock.adobe.com/ABC Vector (KI), S. 25: © stock.adobe.com/bmf-foto-de
(KI), S. 50: © stock.adobe.com/Bulder Creative (KI), S. 61: © stock.adobe.com/
Нина Новикова, S. 64: © stock.adobe.com/ariydesign, S. 76: © stock.adobe.com/
milicenta (KI), S. 80: © stock.adobe.com/Krittika (KI), Bilder bei Überschriften:
© stock.adobe.com/ElenaMedvedeva
Alle mit (KI) gekennzeichneten Bilder sind KI-generiert.

Bibliografische Information der Deutschen Nationalbibliothek
Die Deutsche Nationalbibliothek verzeichnet diese Publikation
in der Deutschen Nationalbibliografie;
detaillierte bibliografische Daten sind im Internet unter
http://dnb.d-nb.de abrufbar.

Besuchen Sie uns im Internet:
www.st-benno.de

Gern informieren wir Sie unverbindlich und aktuell auch
in unserem Newsletter zum Verlagsprogramm,
zu Neuerscheinungen und Aktionen.
Einfach anmelden unter www.vivat.de

ISBN 978-3-7462-6618-3

© St. Benno Verlag GmbH, Leipzig
Umschlaggestaltung: Ulrike Vetter, Leipzig
Gesamtherstellung: Kontext, Dresden (A)

Inhalt

In der Plätzchenbäckerei

Robbi, unser Kater, ist die Neugier auf vier Pfoten! Wenn er etwas will, dann setzt er alles daran, es zu bekommen. In der Küche ist schon so manches Schälchen auf dem Boden zerschlagen, nur weil Robbi wissen wollte, was darin war. Gern taucht er auch an Orten auf, wo man ihn nicht vermutet: in meinen hohen Stiefeln im Flur zum Beispiel. Oder im Einkaufskorb, was ich praktischerweise erst im Auto gemerkt hatte und was ihm einen ungeplanten Ausflug verschaffte. Mit seinen sieben Monaten ist er ja auch noch recht klein.

Da er also die Küche sehr liebt, war ich entsprechend vorsichtig. Ich wollte Plätzchen backen, und zwar ohne Robbi und vor allem ohne Katzenhaare. Ich suchte ihn und entdeckte ihn auf dem Kratzbaum. Er entdeckte mich ebenfalls und huschte durch die Tür davon. Ich hinterher.

„Robbi, Schätzchen, komm!", lockte ich, doch Robbi stand im Flur, sah mich groß an und huschte ins Wohnzimmer, von dort aus ins Schlafzimmer und da erst einmal unters Bett. Aufgeschreckt gesellte sich mein Mann zu uns, der sich vergeblich bemühte, Robbi unter dem Bett hervorzulocken. Immer wenn er kurz davorstand, ihn zu greifen, entwischte Robbi, um wenig später an anderer Stelle wieder unter dem Bett hervorzulugen.

„Dem gefällt das!", lachte Lena, unsere siebenjährige Tochter, und wollte nun auch mitspielen. Das wollte ihr Bruder auch und so tobten wir kurz darauf zu viert mit Robbi durchs Haus. Dem gefiel das Spiel, uns übrigens auch, nur zum Plätzchenbacken kam ich nicht mehr.

Als ich das nächste Mal auf die Uhr schaute, rieb ich mir verdutzt die Augen. „Wir haben zwei Stunden hier rumgealbert?", fragte ich entgeistert. Robbi ließ sich auf seinem Kratzbaum nieder und begann, sich zu putzen, als sei nichts geschehen.

„Wenn ihr dieses Jahr Plätzchen wollt, dann müsst ihr Robbi in Schach halten", verlangte ich, womit alle einverstanden waren.

Gut geschmückt

„Oh, ein Mistelzweig, und so herrlich in einen Tür-
kranz verpackt!", freute ich mich, als meine neue
Nachbarin mir dieses ganz besondere Geschenk vor-
beibrachte. „Ich bin leider völlig untalentiert, wenn
es ums Basteln geht!", gab ich zu und erfuhr so, dass
ihre Schwiegermutter Floristin war und sogar Kurse
zum Anfertigen von saisonalen Sträußen und Geste-
cken gab.

„Was es nicht alles gibt!", stellte ich überrascht fest,
lehnte jedoch trotzdem ab, an einem Kurs teilzuneh-
men. „Ich fürchte, das bringt bei mir nichts, ich hab
dafür kein Talent!"

Fröhlich hängte ich den Kranz an der Wohnungstür
auf und schon dabei erinnerte ich mich daran, ge-
lesen zu haben, dass Misteln für Katzen giftig seien.
Ob das stimmte, wusste ich nicht genau, nichtsdestotrotz hing ich an meinem verspielten Leo viel zu sehr,
als dass ich ihn in Gefahr bringen wollte.

„Dann häng den Kranz doch einfach so hoch, dass
er nicht rankommt", riet mein Mann und brachte
mir extra eine Befestigung draußen an der Haustür
an. Leo beobachtete unser Tun aus einer gewissen
Entfernung. Kaum hing der Kranz, ging es los. Leo
machte sich einen Spaß daraus, draußen an der Tür
hochzuspringen, um den Kranz zu erhaschen. Er

hing zwar ziemlich hoch, aber ich war mir trotzdem nicht ganz sicher, dass er ihn nicht erwischen würde. „Er muss höher hängen!", verlangte ich von meinem Mann und er erfüllte mir den Wunsch. Das war trotzdem zwecklos, denn Leo begann vom Baum auf das Fensterbrett und von dort nach unten zu springen. Dieser Vierbeiner war so was von neugierig und nicht zu bremsen, dass mir am Ende nur blieb, den Kranz abzuhängen und durch eine für Leo ungefährliche Alternative zu ersetzen.

Das Prachtexemplar selbst brachte ich am Gemeindehaus an, zur Freude aller. Und meine Nachbarin versprach mir, im nächsten Jahr einen ganz besonders schönen zu kreieren, extra katzenfreundlich.

Theater, Theater – es weihnachtet sehr

Also ich, Ernesto mit Namen und stolze sieben Winter alt, lebe, schon seitdem ich denken kann, in Freiheit. Und ganz ehrlich, ich kann es mir gar nicht vorstellen, mit einem oder gar mehreren Menschen in einer engen Wohnung leben zu müssen, womöglich auch noch, ohne jemals vor die Tür zu dürfen. Nein, das ist mir ganz und gar nichts, dafür bin ich viel zu freiheitsliebend. Mein Leben ist spannend und eigentlich ist immer etwas los. Ich stromere durch die Stadt, fange Mäuse und futtere mich von einem Fressplatz zum nächsten. Und dank meiner hervorragenden Kontakte zu anderen frei lebenden Katern und Katzen war ich noch nie in Gefahr zu verhungern oder gar eingefangen zu werden.

Jeden Tag, meist am frühen Nachmittag, statte ich meinem Lieblingsplatz einen Besuch ab: dem Theater! Das große barocke Gebäude in der Innenstadt wirkt auf viele einschüchternd. Nicht jedoch auf mich! Ich liebe die dicken Säulen im Eingangsbereich, im Sommer bieten sie herrlichen Schatten und im Herbst und Winter perfekten Schutz vor dem kalten Wind. Doch das Großartigste am Theater sind die Menschen, die dort verkehren: Schauspieler! Künstler eben, jeder für sich ein Riesentalent und meist selbstverliebt bis über beide Ohren. Das zeigt sich besonders, wenn ein neues Stück auf dem Plan steht. Dann geht das Hauen und Stechen um die Rollen los. So geschehen Mitte Oktober, als das neue Weihnachtsstück in den Spielplan aufgenommen wurde.

„Immer nur den Nussknacker zu Weihnachten ist langweilig!", hatte Dieter, der Regisseur, verkündet. „Ich habe eine ganz andere, nämlich super-moderne, Version eines Klassikers im Kopf!", machte er alle neugierig. Tagelang schlich nun das ganze Ensemble um Dieter herum, doch der wusste natürlich genau, was Sache war.

„Komm, Ernesto, ich schaue mal nach, wer uns heute Sahne für dich mitgebracht hat!", verkündete er laut, hob mich hoch und verschwand mit mir in die Cafeteria. Normalerweise sorge ich dafür, dass ich dort nicht auffalle, schließlich haben Tiere dort Hausverbot, aber Dieter war eine Institution in unserem Theater, er durfte einfach alles. Dass es ausgerechnet Angela war, die mit einem Sahnekännchen rüber kam, war dann keine große Überraschung.

„Ich mag es, wenn jemand Tiere mag!", murmelte Dieter und ließ seine prankenartige Riesenhand erstaunlich zart über meinen Rücken wandern. „Weißt du, Ernesto, dir vertraue ich es an: Wir werden dieses Jahr einen Dickens-Klassiker spielen!"

„Fein!", mauzte ich zurück, so gut erzogen war ich dann schon. Wobei, es war und blieb sinnlos mit den Menschen, sie verstanden Katzen einfach nicht. Immerhin wusste ich Dieters Vertrauen zu würdigen, ich leckte ein bisschen an seinen Fingern herum und schnurrte ein bisschen länger als sonst, das schien er so richtig zu mögen.

Drei Tage später ließ er die Bombe, wie er es nannte, platzen.

„Es wird Dickens, Leute!", verkündete er. „Eine ganz neue Interpretation der Weihnachtsgeschichte! Ebenezer Scrooge wird zu Ebenezaria Scrooge, also weiblich!"

Damit hatte er alle Aufmerksamkeit auf sich gezogen. Doch warum diese Ankündigung ein derartiger Paukenschlag war, erschloss sich mir nicht so ganz.

„Eine derartige Abwandlung hat es hier noch nie gegeben!", hörte ich Ottokar, unseren Hausmeister, aufgeregt Chantal zuflüstern. Chantal war erst ein Jahr bei uns, hatte aber schon gezeigt, dass sie mit ihren fünfundzwanzig Jahren das Zeug zur Charakterdarstellerin hatte, wie Dieter so gern betonte. Nichtsdestotrotz blieb Angela seine Erstbesetzung. Was möglicherweise auch daran lag, dass sie gut zehn Jahre älter als Chantal war und damit, zumindest nach Dieters Meinung, über mehr Lebenserfahrung verfügte. Aber was wusste ich schon davon, wie Menschen einander einschätzen! Tierlieb, und darauf kam es mir letztendlich an, waren sie alle. Wenngleich Angela ein bisschen tierlieber war als der Rest der Truppe. Und hübscher. „Dass du ausgerechnet Angela die Erstbesetzung überlassen hast, nehme ich dir übel, Dieter!", zickte Chantal noch am gleichen Tag herum.

Doch Dieter sprang darauf nicht an. „Ach Mädels, hört doch auf damit!", beschwichtigte er sie halbherzig. „Ihr wisst doch, wie das läuft! Angela wird als Erstbesetzung die Premiere übernehmen, die Achtuhrvorstellungen Freitag bis Sonntag und die Vorstellung am ersten Weihnachtstag. Du die Nachmittagsvorstellung am zweiten Weihnachtstag und die Vorstellungen am Nachmittag in der Ferienwoche. Angela übernimmt dann wieder die Abendvorstellungen."

Wie wenig Chantal es passte, ins Nachmittagsprogramm gedrängt zu werden, konnte Dieter eigentlich nicht übersehen, er tat es aber trotzdem. Bewusst oder unbewusst.

„Wann ist denn Premiere?", erkundigte sich Angela und versuchte dabei, Chantals stechendem Blick auszuweichen.

„Durch die Andersson-Vorstellung der Schwefelholzmädchengeschichte, die das Kindertheaterensemble aufführt, starten wir am ersten Advent!", gab Dieter zu. „Ich weiß, ich weiß!", beruhigte er das aufkommenden Stimmengemurmel der sich zunehmend um ihn herumscharrenden Schauspieler, Beleuchter und Theaterhandwerker, „das ist spät für eine Weihnachtsgeschichte, aber wir wollen den Kids nicht die Show stehlen. Außerdem", nun machte er eine Kunstpause, „werden wir dann eine ganz besondere Premiere im Frühling feiern!"

Er grinste sein Verschwörungslächeln, das alle ahnen ließ, dass das Frühjahrsstück noch ein bisschen größer werden würde als seine abgewandelte Weihnachtsgeschichte.

Dann ging es Schlag auf Schlag! Es wurden Bühnenbilder gehämmert, da hielt ich mich lieber fern, Kleider genäht, was mich nicht besonders interessierte, und Texte gelernt – schon viel besser! Während Chantal ihre Texte am liebsten vor Publikum auf der Bühne vortrug, selbst wenn dieses nur aus ein paar Leuten bestand, die sich das Theater mal von innen ansehen wollten, zog sich Angela dafür lieber zurück. Still saß sie auf ihrem Holzstühlchen, mir hatte sie Wasser und etwas Trockenfutter in einen Napf gefüllt, und dann murmelte sie ihre Sätze vor sich hin. Ich liebte diese stillen Stunden, denn wenn ich mich klug anstellte, erlaubte sie mir, auf ihrem Schoß zu sitzen! Und dann bekam ich Streicheleinheiten ohne Ende! Von mir aus hätte Theater nur aus Textlernen bestehen können.

„Du Armer!", sagte sie in einer ihrer Lernpausen. „Du musst dir immer meine Texte anhören und hast vermutlich gar keine Ahnung, worum es in der Geschichte eigentlich geht, oder?"

Ich stimmte ihr mauzend zu. Und Angela nahm das als Aufforderung, mir zumindest den Inhalt nahezubringen.

„Also, Ernesto, mein Süßer, in der Weihnachtsgeschichte bei Dickens es geht um Ebenezer Scrooge, einen herzlosen Geschäftemacher. Weil er immer nur Geld verdienen will, kümmert er sich nicht um die Menschen um sich herum, vernachlässigt seine Familie, ja, ist sogar richtig gemein zu ihr. Deshalb erscheint ihm am Weihnachtsabend der Geist seines verstorbenen Geschäftspartners, der zu Lebzeiten noch viel schlimmer war als er selbst, und prophezeit ihm ein düsteres Ende, wenn er nicht sofort sein Leben ändert. Doch damit nicht genug, Ernesto, danach erscheint ihm erst der Geist der vergangenen Weihnacht, der ihn leibhaftig in seine Kindheit zurückversetzt, und danach der Geist der gegenwärtigen Weihnacht, der ihn ins Haus der Familie seines armen Schreibers und in das seines Neffen bringt. Letztlich taucht dann noch der Geist der künftigen Weihnacht auf und zeigt ihm das traurige Ende, das ihm bevorsteht. Weil ihn das so erschreckt, wandelt sich Ebenezer Scrooge dann tatsächlich zu einem gütigen alten Mann. Und da Dieter alles umgeschrieben hat, wird aus der männlichen Hauptfigur meine Rolle!", endete Angela nicht ohne Stolz. Offenbar war diese Weihnachtsgeschichte für sie etwas ganz Besonderes.

„Meine Großmutter hat sie mir jedes Weihnachtsfest vorgelesen, solange ich zurückdenken kann!", gestand sie mir flüsternd. „Letztes Jahr ist sie gestorben. Und als ich schon dachte, dass dieses Weihnachten für mich das erste ohne Dickens sein würde – bekomme ich diese Rolle!"

Sie wischte sich verschämt ein Tränchen aus dem Auge und ich mauzte ihr aufmunternd zu. Die folgende Zeit war dann Hektik angesagt im Theater! Ich schaute immer mal wieder vorbei, musste aber aufpassen, dass mir niemand versehentlich auf die Pfoten oder gar meinen Schwanz trat.

Dann war es endlich so weit: Premiere! Alle waren schon lange vor dem großen Ereignis da, selbst Chantal sah ich beizeiten durch die Gänge huschen. Ich hatte mich extra noch einmal geputzt, nicht, dass es irgendeine Rolle gespielt hätte oder dass ich sonst schmutzig gewesen wäre, nein, es erschien mir nur dem Anlass angemessen. So viele Premieren gab es schließlich nicht im Jahr und so ein Weihnachtsstück war eben doch etwas ganz Besonderes.

„Hier, Ernesto, ich hab was für dich!" Dieter, so aufgeregt er auch war, steckte mir einen Snack zu und hastete weiter. Ja, deshalb liebte ich meine Theaterleute so! Und Dieter ganz besonders!

Um sieben, eine Stunde bevor der Vorhang sich heben sollte, begann Dieter sehr nervös zu werden. Er fummelte an seinem Mobiltelefon herum, herrschte Ottokar an, ob es eine Funkstörung gäbe und schaute immer wieder kopfschüttelnd zwischen Uhr und Eingang hin und her. Draußen im Publikumsbereich wurde das Stimmengewirr immer lauter. Vorsichtig schlich ich mich von rechts auf die Bühne und riskierte einen vorsichtigen Blick durch eine fasrig gewordene Stelle im Vorhang. Das Theater war bereits brechend voll! Jede Menge festlich gekleideter Menschen mit ihren Kindern nahmen die Plätze ein, schauten sich neugierig um und unterhielten sich. Unbemerkt schlich ich wieder nach hinten. Dort wäre Dieter fast über mich gestolpert.

„Mensch, Ernesto, pass doch auf!", brummte Dieter und war schon wieder in sein Mobiltelefon vertieft. „Vielleicht ist die Nummer falsch?", murmelte er.

Hinter uns sammelten sich inzwischen Kurt und Desiree, die beide schon seit Jahren dem Ensemble angehörten und in dem Stück jeweils einen der Geister mimten. „Dieter, was ist denn los?", wollte Kurt wissen. „Du bist doch sonst nicht so nervös! Dabei brauchst du dir doch gar keine Sorgen machen! Wir sind praktisch ausverkauft! Das wird schon, glaub mir! Du weißt doch, wir geben alle unser Bestes!"

Dieter wirkte dermaßen geistesabwesend, dass ich meine Lieblingsschlafecke dafür verwettet hätte, dass er gar nicht zugehört hatte.

„Dieter?" Nun war auch Desiree nähergekommen. „Was ist denn nur los?"

„Was los ist? Das kann ich euch sagen!", mischte sich plötzlich Chantal mit keifender Stimme ein, die mich zusammenzucken ließ. Wenn sie ihr Sprechorgan in derartige Höhen trieb, packte mich unweigerlich der Fluchtreflex. Doch ich widerstand. Und ertappte mich dabei, wie ich sie ebenso neugierig anstarrte wie alle anderen.

„Unsere liebe Angela hat uns versetzt!", verkündete Chantal mit einer gewissen Genugtuung. „Sie ist einfach nicht gekommen, bis jetzt nicht! Sie hat nicht einmal angerufen!"

Nun klang Chantals Stimme eindeutig vorwurfsvoll. Das schien Dieter jedoch wenigstens aus seiner Schockstarre zu lösen.

„Angela würde uns nie versetzen!", verkündet er im Brustton der Überzeugung. „Niemals! Sie war noch nie auch nur einen Tag krank, also kommt mir nicht mit so etwas! Kinder, ich sage euch, da ist etwas passiert!"

Dieter setzte sein Drei-Tage-Regenwetter-Gesicht wieder auf und brütete weiter vor sich hin, während sich die Zeiger der großen schwarz-weißen Uhr über dem Hintereingang zur Bühne langsam aber sicher auf acht Uhr zubewegten. Unaufhaltsam vergingen die Sekunden und Angela kam nicht. Irgendwann fiel mir ein, was sie mir über das Stück erzählt hatte. Nein, sie würde niemals die Premiere verpassen oder Chantal freiwillig das Feld überlassen.

„Schick mich auf die Bühne, Dieter!", schmeichelte Chantal derweilen um Dieter herum. „Ich kann den Text. Und ich bin auch da. Schon seit Stunden! Du wirst es nicht bereuen!"

Doch noch war Dieter bereit, selbst den Beginn der Premiere zu verschieben, wenn er damit Angela noch auf die Bühne brachte.

„Ich habe alle verfügbaren Nummern durchtelefoniert!", kam Ottokar angehetzt. „Nichts! Rein gar nichts. Ihr Mobiltelefon muss sich in einem Funkloch befinden und an ihren Festnetzanschluss geht niemand ran. Es ist wie verhext!"

„Dann versuch es bei den Nachbarn!", brummte Dieter, doch Ottokar winkte ab.

„Hab ich doch, Chef, hab ich doch. Ihre Nachbarn scheinen komplett ausgeflogen zu sein, nur eine alte

Dame, ihr Name ist Hildegard Müller, habe ich erreicht. Und die schwört, dass unsere Angela heute Morgen noch am Leben und gesund und munter war. Mehr war einfach nicht rauszukriegen!"

Während Ottokar mit Kurt und Desiree überlegte, wen er noch anrufen konnte, schraubte Chantal weiter an Dieter herum.

„Komm schon, mach dir nicht solche Sorgen. Es geht ihr gut, sie hat nur die Zeit verpasst, wer weiß. Denk an die vielen Zuschauer, die haben einen pünktlichen Beginn verdient! Und die Kollegen auch. Wie kann Angela nur so rücksichtslos sein?"

Ich konnte dieser Zicke nicht länger zuhören. So ein unverschämtes Biest! Kaum drehte man ihr den Rücken, ließ sie kein gutes Haar an meiner Angela, sie machte sich nicht die geringsten Sorgen. Das Einzige, was sie im Blick hatte, war ihr eigener Auftritt bei der Premiere.

„Würde mich nicht wundern, wenn die eigenhändig dafür gesorgt hätte, dass Angela heute nicht auftaucht!", raunte Kurt Ottokar zu. Dieser nickte vielsagend. Oh je! Meine Pfoten begannen vor Schreck gleich zu zittern. Was sagte er da? Dass Angela etwas zugestoßen sein könnte? Und dass Chantal womöglich dahinter steckte? Ein Kriminalfall? Direkt in meinem Theater? Zur Premiere des Weihnachtsstückes, dem Höhepunkt des Jahres? Ich war fassungslos!

„Noch fünfundzwanzig Minuten!", stellte Dieter tonlos fest. Und Ottokar reagierte. „Ich fahr da jetzt hin!", verkündete er. Dieter nickte und die anderen sagten gar nichts mehr. Zum Glück wohnte Angela nur ein paar Minuten vom Theater entfernt, wie ich nun erfuhr, in einem ruhigen Mehrfamilienhaus in einer Nebenstraße. Doch kaum war Ottokar losgedüst, kam er auch schon zurück. Zumindest kam es mir so vor, als wäre er gar nicht weg gewesen. Vielleicht lag es aber auch daran, dass die Geräusche aus dem Zuschauerraum immer lauter wurden und ich so fasziniert beobachtete, wie der Saal sich bis auf den letzten Platz füllte.

„Unsere Weihnachtsgeschichte lockt alle her!", hörte ich Chantal jubeln. „Oh, ich liebe Dickens! Und nun kriege ich vielleicht doch noch meine Chance!" Offenbar verschwendete sie keinen Gedanken an die arme Angela.

„Nichts!", tönte Ottokar lautstark. „Rein gar nichts! Von außen ist nichts zu sehen, ihr Wagen steht auf dem Parkplatz, aber das hat nichts zu bedeuten, schließlich läuft sie ja oft. Zudem hat es angefangen zu schneien, bei so einem Wetter lässt sie den Wagen erst recht stehen. In ihrer Wohnung brennt kein Licht und von ihr war weit und breit nichts zu sehen. Und ans Telefon geht immer noch keiner. Ihr Mobilteil ist nach wie vor unerreichbar!"

Ratlos blickte er in die Runde.

„Noch sieben Minuten!", brummte Dieter und starrte auf die Uhr, als ob sich daran etwas ändern würde, wenn er das Teil mit bösen Blicken strafte. „Meine Güte, wo steckt sie nur?"

„Hoffentlich ist ihr nichts passiert!", unkte nun ausgerechnet Chantal. Sie hatte sich schon – vorsichtshalber wie sie betonte – in ihr Kostüm geschmissen und stand nun ziemlich ratlos neben den anderen. „Nicht, dass Angela hilflos in der Wohnung liegt!"

Daraufhin sagte keiner mehr etwas. Selbst mir blieb ein mitfühlendes Miau im Halse stecken.

„Unvorstellbar!", hauchte Desiree.

„Ja, aber hört man das nicht immer wieder? Vielleicht ist sie unter der Dusche ausgerutscht, hat sich verletzt und kann nun nicht mehr zum Telefon?"

Jetzt klang Chantal sogar ein bisschen mitfühlend.

„Wir sollten die Tür aufbrechen lassen!", schlug Ottokar vor. „Wenn du willst, Dieter, kümmere ich mich darum! So ein Schloss ist schnell geknackt!"

„Das ist strafbar!", mischte sich Chantal wieder ein. „Ihr müsst die Polizei informieren!"

„Jetzt? Ein paar Minuten vor der Premiere?", Dieter sah echt ratlos aus. Ich verfolgte dieses verbale Pingpongspiel und sah erschüttert von einem zum anderen. Wie konnte ein Mensch einfach so von jetzt auf gleich verschwinden?

„Dieter hat Recht, wir dürfen die Premiere nicht aus den Augen verlieren", mahnte Kurt, „bei aller Angst um Angela!"

Dieter nickte bedächtig. „Stimmt!", murmelte er. Und dann lauter: „The show must go on, Leute! Kommt, wir haben eine Premiere aufzuführen. Ich rechne damit, dass ihr alle euer Bestes gebt!" Er warf einen letzten Blick zur Tür, zögerte noch eine Sekunde, dann, eine halbe Minute vor acht, gab er Chantal das Zeichen für ihren Auftritt. Ich mochte gar nicht hinschauen.

Dann war alles plötzlich wie immer: Lampenfieber, Hektik und ganz viel Nervenflattern. Ein Dieter, der herumschrie und Schauspieler, die wie aufgescheuchte Hühner hinter der Bühne umherrannten. Ich hatte mich auf einem Holzpodest in Sicherheit gebracht, schließlich konnte man nie vorsichtig genug sein.

Nach einer halben Stunde war ich es leid, zuzusehen. Ich marschierte zum Ausgang. Ein bisschen frische Luft würde mir ganz gut tun. Auf meinem Weg kam ich am Büro vorbei und stutzte. Die alte Frau Leininger, früher für Kostüme zuständig und heute die gute Seele des Hauses, ohne die keine Vorstellung denkbar wäre, telefonierte. Dass sie eigentlich schon vor zwanzig Jahren in Rente gegangen war, interessierte sie herzlich wenig. Sie kam trotzdem regelmäßig vorbei – und brachte mir immer etwas mit! Ehrensache, dass ich bei ihr einen Zwischenstopp einlegte! Mit Neugier hatte das herzlich wenig zu tun, obwohl ich dabei natürlich etwas aufschnappte. Sie sorgte sich auch um Angela!

„Nein? Ah, nicht eingeliefert! Ja, danke, Ihnen auch schöne Weihnachten!", sagte sie in den Hörer, legte auf – und wählte schon die nächste Nummer.

„Hallo? Können Sie mir sagen, ob eine Angela Meinhart gestern Abend oder heute bei Ihnen eingeliefert wurde? – Wer ich bin? – Ihre Schwester! – Warum ich das nicht weiß? – Hören Sie, ich stehe vor verschlossener Tür und mache mir Sorgen …"

Frau Leininger schüttelte den Kopf. „Ah, sie ist nicht … gut, danke!"

Schade, dass Dieter das nicht mitbekam, schoss es mir durch den Kopf. An unserer alten Frau Leininger war wirklich eine talentierte Schauspielerin verloren gegangen! Sie telefonierte noch eine ganze Weile, irgendwann hörte sie jedoch auf damit.

„Ach, Ernesto, komm, ich habe ein bisschen Teewurst für dich!" Ich mauzte dankbar, obwohl Teewurst nicht unbedingt meine größte Leibspeise war. Aber sie sah so niedergeschlagen aus, dass sie dringend Aufmunterung brauchte. Ich schnurrte ein paar Mal um sie herum, streifte dabei zärtlich ihre Beine und rieb meinen Kopf an ihrer Seidenstrumpfhose.

„Was bist du doch für ein drolliges Kerlchen!", flüsterte sie und lächelte verschämt. „Und so ein Hübscher! Die Katzendamen sind bestimmt wie verrückt hinter dir her!" Ich zog das Spielchen noch ein paar Minuten durch, danach war der Grad ihrer Deprimiertheit deutlich zurückgegangen.

„Hey, Ernesto, mein Kleiner!", hörte ich plötzlich hinter mir jemanden rufen.

„Angela?", mauzte ich, gleichzeitig mit Frau Leininger, die fast schon ihren Namen schrie.

„Ja, ich bin's!", lachte sie und fiel der alten Frau um den Hals. Dann beugte sie sich zu mir hinab und strich mir zärtlich über den Kopf. Dann wurden auch die anderen auf sie aufmerksam.

„Himmel, Mädel, wo hast du denn nur gesteckt?"
Selbst Ottokar umarmte Angela und wollte sie gar
nicht mehr loslassen.

„Ihr werdet es kaum glauben, aber ich bin im Fahrstuhl steckengeblieben!", verkündete sie und wurde
sogar ein bisschen rot dabei.

„Ehrlich, ich nehme sonst abwärts immer die Treppe,
aber da mein Nachbar gerade dabei war, sein Ungetüm von Weihnachtsbaum die Stufen hochzuhieven
und der dicke Temmler, mein Übermieter, als Nikolausverschnitt nach unten jagte, mit dickem Geschenkesack auf dem Rücken, dachte ich, dass ich schneller
bin, wenn ich ausnahmsweise mal den Aufzug nehme!"

„Und wir haben uns solche Sorgen gemacht!" Frau
Leininger rang immer noch um Fassung. Dann war
auch schon der zweite Akt vorbei und Dieter kam angestürmt.

„Mensch, Angela, wo warst du denn?"

Angela berichtete erneut. Von dem Weihnachtsmann, der an ihr vorbeigejagt war, und dem Nadelbaum, der ihr den Weg versperrte.

„Ihr ahnt ja gar nicht, wie lange es dauert, bis ein Notdienst kommt! Und die Krönung war, dass der Techniker eigentlich längst Feierabend gehabt hätte. Weil es aber aufgrund eines Stromausfalls in der Neustadt viele Einsätze gab und weil ja praktisch schon Feiertag ist, musste er mich vertrösten und vertrösten und vertrösten!"

Angela verzog unwillig ihre Augenbrauen. „Wenigstens war er nett. Tja, und irgendwann war es acht Uhr und ich hing immer noch in dem blöden Fahrstuhl fest! Wisst ihr, ich habe den Geist der gegenwärtigen Weihnacht fast körperlich gespürt, der mir sagte, dass das mit dem Auftritt wohl heute nichts mehr wird. Und bitte – er hatte recht."

„Du übernimmst morgen!", rief Dieter ihr zu und eilte davon. Desiree, die kurz vorbeigeschaut hatte, hauchte Angela einen Kuss auf die Wange. „Bin ich froh, dass dir nichts passiert ist!", und rannte ebenfalls Richtung Bühne. Der dritte Akt begann. Während der normale Theaterbetrieb weiterlief, sah sich Angela neugierig um und folgte mir direkt zum Vorhang. „Ah, du hast hier eine Stelle entdeckt, wo man das Publikum beobachten kann?", stellte sie kichernd fest. „Na, dann lass uns doch mal schauen, ob Peter auch gekommen ist!"

Ich warf ihr ein fragendes Mauzen an den Kopf,

während sie mich liebevoll packte und auf den Arm nahm.

„Du bist neugierig, du kleiner, frecher Kater!", stellte sie fest. „Peter ist der Techniker, der mich befreit hat. Obwohl er auch hätte nach Hause gehen können, schließlich war sein Dienst längst vorbei. Aber er fand mich charmant – und ich ihn!"

Angela zwinkerte mir verschwörerisch zu, dann konzentrierte sie sich auf das Publikum. „Und deshalb habe ich ihn eingeladen!"

Angespannt ließ sie ihren Blick über die Gäste schweifen, plötzlich zog ein Lächeln über ihr Gesicht. „Da, Ernesto, da ist er! Siehst du ihn? Mit den braunen Strubbelhaaren?"

Ich wagte einen Blick und erschrak. Meinte sie etwa den Typen in Jeans und T-Shirt in der ersten Reihe? Ganz offensichtlich!

„Ist er nicht süß?", hauchte Angela. Wie ihre Augen plötzlich strahlten! Was war denn mit ihr in dem Fahrstuhl passiert? Ob das etwas mit den Weihnachtsgeistern zu tun hatte? Nun war ich in der Tat ein wenig verwirrt. Noch dazu, weil Angelas Gesichtsausdruck immer verzückter wurde.

„Er ist ein richtiger Held, nicht wahr?", sagte Angela. „Ich habe ihm eine der VIP-Karten organisiert, andere Plätze waren ohnehin nicht mehr frei! Aber die hat er auch verdient, schließlich hat er mich aus dem Fahrstuhl gerettet! Wo dort nicht einmal mein Mobiltelefon funktionierte! Mein Gott, Ernesto, ich hatte vielleicht Angst! Glaub mir, der Geist der kommenden Weihnacht hätte mir keine gruseligere Geschichte erzählen können. Aber dank Peters Stimme …"

Angela verdrehte die Augen. „Wenn er nicht gewesen wäre, ich wäre vor Angst gestorben!"

Obwohl ich das einigermaßen übertrieben fand, strich ich wie zur Bestätigung um ihre Beine. Sie hatte einen schweren Tag, war eingesperrt gewesen, da durfte man schon mal ein wenig überreagieren.

„Okay", mauzte ich, „dein Peter ist ein Held, schon klar. Und Helden dürfen auch in Jeans ins Theater kommen. Aber nur ausnahmsweise! Mach ihm klar, dass wenn du auf der Bühne stehst, er sich gefälligst anständig anziehen soll! Für Chantal reicht das, aber für dich niemals!"

Und als ob Angela mich verstanden hätte, flüsterte sie mir ins Ohr: „Er hat sich sogar entschuldigt, dass er keinen Anzug anhat! Dabei kam er doch von der Arbeit!"

Na ja, dachte ich, das war eine Entschuldigung. Eine akzeptable. Andernfalls hätten wir ja noch länger um unsere Angela bangen müssen!

Terminschwierigkeiten

Es war wieder einmal so weit: Das Christkind sollte kommen. So wie letztes Jahr schon und das Jahr zuvor. Ich kannte das schon, denn ich lebe bereits seit sieben Jahren bei meinen Menschen. Ich war sogar schon vor Milli und Greta da, den beiden vierjährigen Zwillingsmädchen meiner Sophie. Sophie ist überhaupt die Allerbeste! Sie hat mich damals aus dem Tierheim nach Hause geholt.

„Du bist die schönste Katze, die ich je gesehen habe, ich nenne dich Elissa", hatte sie mir ins aufgestellte Öhrchen geraunt, das vergesse ich nie! Das war damals auch kurz vor der Ankunft des Christkinds gewesen. So lange redeten alle schon davon, nur gesehen hatte ich dieses Christkind noch nie.

Ein kleines Abbild lag in der Holzkrippe im Wohnzimmer, aber ich glaubte, anders als Milli und Greta, natürlich nicht daran, dass dieses Püppchen Geschenke bringen konnte. Die brachte, da war ich mir inzwischen sicher, das gelbe Auto, das immer öfter vorfuhr. Dann wurden Pakete ausgeladen, die Sophie dann an Milli und Greta vorbei auf den Dachboden schmuggelte. Von Neugier getrieben, schlich ich hinterher und richtig, sie waren nicht vom Christkind! Der Absender war die Oma, also Sophies Mutter. Und sie enthielten fein säuberlich verpackte Geschenke für Greta und Milli, ich hatte es ja geahnt!

„Pst, nichts verraten, Elissa!", sagte Sophie verschwörerisch zu mir und zwinkerte mir zu. „Wir wollen doch nicht, dass die beiden aufhören, ans Christkind zu glauben!"

Nein, das wollte ich natürlich nicht! So verzog ich mich in mein Körbchen. Jetzt, wo ich wusste, dass die Oma hinter allem steckte, war auch klar, warum sie zu Weihnachten nie da war. Sophie sagte zwar, sie wäre bei ihrer eigenen, inzwischen pflegebedürftigen Mutter, aber das ist bestimmt gemogelt. So ein Christkind kann ja nicht überall gleichzeitig sein. Ich werde jedenfalls nichts verraten!

Hasso bleibt zu Hause

Halb dösend hörte ich dem Telefonat nur mit einem Ohr zu, aber als ich die Namen Mechthild und Walter mitbekam, war ich hellwach. Die Hartmanns! Und Hasso natürlich, den sie immer mitbrachten! Ich konnte den hechelnden und sabbernden Hund einfach nicht ausstehen! Nicht nur, dass er beim letzten Besuch allen Ernstes versucht hatte, mir das Gesicht abzulecken; entgegen der ständigen gebetsmühlenartigen Beteuerungen seiner Menschen: „Hasso tut nix!", tat er doch eine ganze Menge. Im vergangenen Jahr hatte er den Adventskranz und eine Tasse mit seinem nie stillstehenden Schwanz vom Tisch gefegt und anschließend die Hausschuhe im Flur angeknabbert.

Nun kam er also! Vorsorglich dachte ich mir mehrere Verstecke aus und nahm mir fest vor, erst wieder aufzutauchen, wenn er wieder weg war. Dann klingelte es auch schon! Ich spähte von der Küche aus zur Haustür und sah … keinen Hasso. Hatten sie ihn vielleicht versteckt? Nein, meine sensible Nase hätte ihn sofort geortet. Kein Hasso! Ich freute mich und ging zur Begrüßung in die Diele, doch dann kam mir ein schrecklicher Gedanke. War ihm vielleicht was zugestoßen? Hunde wurden ja manchmal überfahren, und ein Tölpel wie Hasso rannte auf die Straße. Oder war er vielleicht krank?

Mechthild überreichte Frauchen derweilen Geschenke: ein Adventsgesteck und neue Hausschuhe. Sogar ich bekam etwas, nämlich eine Packung Katzenwürstchen! Dann erzählte sie, dass Hasso ohne Weiteres ein paar Stunden allein daheimbleiben konnte und dabei überhaupt nichts anstellte. Ich seufzte erleichtert auf und hatte den Eindruck, dass Frauchen ebenfalls erleichtert war, denn im Gegensatz zu mir kann sie ja schlecht unter die Couch huschen!

Bloß keine einsamen Feiertage

Als mich Daniel vor drei Jahren aus dem Tierheim holte, dachte ich, er sei auch bloß so ein Dosenöffner, der sich als Gutmensch beweisen wollte. Doch weit gefehlt!

„Sind Sie sicher, dass Sie bei Ihren Arbeitszeiten auch die Versorgung eines Haustieres sicherstellen können?", fragte ihn die Tierheimleiterin streng. Sie tat fast so, als hätten wir bei ihr den Himmel auf Erden! Doch Daniel ließ sich von der Fragerei und ihrem Blick nicht abschrecken, im Gegenteil, er zwinkerte mir zu. Da wusste ich, dass wir auf einer Wellenlänge lagen. Das war doch schon mal ein guter Anfang, nicht wahr?

„Ich sorge dafür, dass es meinem kleinen Freund an nichts fehlt!", versprach er der Dame ganz brav. „Außerdem habe ich gehört, dass Katzen sich auch allein ganz wohl fühlen, anders als Hunde. Und sagten Sie nicht selbst, dass Hugo eher als Einzelkatze gehalten werden sollte?"

Der war vielleicht clever! Ich besah ihn mir genauer und stellte fest, dass wir uns gar nicht so unähnlich waren: Wir waren beide im allerbesten Alter, vital und voller Tatendrang! Deshalb beschloss ich, mich von ihm adoptieren zu lassen. Hätte er mir nicht sofort gefallen, ich wäre schneller ausgebüxt, als die ihre Türen hätten schließen können. Darin hatte ich nämlich Routine. Doch Daniel hatte mich neugierig gemacht, noch dazu er über große, sanfte Hände verfügte, mit denen er mich zärtlich hinterm Ohr kraulte. Dann hob er mich auf einmal hoch und steckte mich in die mitgebrachte Transportbox. Eine höchst unangenehme Erfahrung, aber leider unvermeidlich. Wir fuhren eine Weile durch die Stadt, bis wir in unserem schönen Viertel ankamen. Hohe Bäume, hübsche Gründerzeithäuser und nicht viele Autos auf der Straße, alles sah schon auf den ersten Blick sehr gepflegt aus. Ja, hier konnte ich prima herumstromern, stellte ich fest und leckte mir voller Vorfreude die Pfötchen. Dann zeigte Daniel mir unser Zuhause.

„So, mein Freund, hier wohnen wir!", verkündete er und ließ mich auch sofort raus aus diesem engen Käfig. Wir standen im Flur einer weitläufigen Wohnung. Altbau, hohe Decken und Parkettfußboden. Überall lagen dicke Teppiche herum, nur mit Möbeln sah es eher karg aus. Ein Sofa im Wohnzimmer, dazu ein paar Bücherregale und ein Esstisch mit vier Stühlen. Im Schlafzimmer der gleiche leere Anblick: ein breites Bett und zwei Kleiderschränke. Aber vielleicht war er auch gerade erst eingezogen?

Schnell stellte ich jedoch fest, dass diese sparsame Ausstattung etwas mit seinem Charakter zu tun hatte. Materielle Dinge waren ihm einfach nicht wichtig, er sorgte sich eher darum, dass es mir gut ging und allen Menschen, die ihm am Herzen lagen. Und das waren viele, wie ich schnell feststellte! Wann immer Daniel zu Hause war, klingelte das Telefon oder Freunde und Bekannte statteten ihm einen Besuch ab. Es war praktisch immer etwas los.

Unsere Wohnung liegt im dritten Stock des Mehrfamilienhauses und verfügt über eine herrlich große Terrasse. Gleich nach meinem Einzug hatte Daniel in die Terrassentür eine Katzenklappe montiert, sodass ich kommen und gehen konnte, wann ich wollte – was für ein Luxus! Spätestens jetzt stand für mich fest, bei diesem Menschen wollte ich bleiben!

Meine früheren Erfahrungen mit Menschen waren eher enttäuschend gewesen. Geboren in einem Hinterhaus hatte mich der Hauswart mit nach Hause geschleppt, wo seine vielköpfige Kinderschar Tag und Nacht an mir herumgezerrt hatte. Als ich alt genug war, ergriff ich die Flucht und landete dann bei einer alten Dame, die eher ein Püppchen zum Spielen und Kämmen gesucht hatte. Freiheit? Fehlanzeige! Ich war praktisch immer eingesperrt. Kunststück, dass ich so schnell wie möglich auch dort sah, dass ich wegkam. Und die Zeit im Tierheim war auch nicht wirklich erfreulich gewesen, wobei ich dort noch die größten Freiheiten genossen hatte. Aber der ewige Streit ums Futter hatte doch etwas Frustrierendes. Deshalb war ich nun umso glücklicher, bei Daniel ein gutes Zuhause gefunden zu haben.

Auch wenn er eine Menge Freunde hatte, seine Familie sah Daniel wirklich nicht sehr oft. Als ich beim

Spielen einmal ein Bild umstieß, das ein altes Ehe-
paar vor einem kleinen Häuschen zeigte, erklärte er
es mir.

„Meine Familie lebt in Thüringen, fast mitten im
Wald. Es ist herrlich dort, aber leider komme ich viel
zu selten dazu, sie zu besuchen. Zum Glück habe ich
noch drei Schwestern und einen Bruder, die sich liebevoll um die Eltern kümmern!"

Die Wehmut in seinen Blick war nicht zu übersehen.
Ja, Menschen unterhielten meist engere Beziehungen
zu ihrer Familie, als ich das von Katzen kannte. Ich
hatte meine Mutter und Geschwister nie wieder gesehen und ich konnte nicht behaupten, dass sie mir
besonders fehlen würden. Aber ich bin ja auch kein
Mensch. Daniel jedenfalls fehlten seine Eltern. Und

das war auch der Grund, warum er wieder zurückgekommen war, wie ich erfuhr. Denn er war vor seinem Einzug in diese Wohnung viele Jahre im Ausland gewesen. Die unzähligen Souvenirs, die er mitgebracht hatte, packte er nach und nach aus und manche davon waren einigermaßen gruselig.

„Das ist eine afrikanische Totenmaske!", erklärte er mir, als er ein merkwürdig und äußerst grimmig dreinblickendes Holzgesicht an der Wand aufhängte. „Es ist handgefertigt, also lass es bitte hängen, ja?"

Er sah mich dabei so ernsthaft an, dass ich beschloss, ihm seinen Wunsch zu erfüllen. Wenn ihm was daran lag – bitteschön! Ich hatte genügend andere Dinge, mit denen ich spielen konnte. Und so spannend war das Teil nun auch wieder nicht.

Seine Freunde jedenfalls liebten seine Geschichten. Wenn sie abends beisammen saßen, meist waren es vier oder fünf andere, dann erzählte er ihnen von wilden Tieren, schrecklichen Krankheiten und immer wieder auch von der Freundlichkeit der Menschen dort.

„Fehlt dir Afrika nicht furchtbar?", wurde er dann immer wieder gefragt. Doch Daniel lachte diese Fragen immer weg. „Nein, wo denkt ihr hin!", protestierte er. „Es war eine schöne Zeit, keine Frage, die ich um nichts in der Welt missen möchte. Die Erfahrungen, die ich dort gemacht habe, haben mich geprägt. Wisst ihr, wenn ihr ständig Menschen seht, die kaum mehr haben, als sie am Leib tragen, und dann noch in ihrer Sicherheit und Gesundheit bedroht sind, die so dankbar für medizinische Hilfe sind, dass es schon fast peinlich ist, dann sind die neuesten technischen Errungenschaften oder ein nagelneues Auto nicht mehr wichtig. Ich habe dort so viele wunderbare Menschen getroffen, die mir beigebracht haben, das Leben als solches zu schätzen. Es war unglaublich interessant und ich konnte vielen Menschen helfen, aber ich wusste auch immer, dass ich das nicht ewig machen würde. Denn im Grunde bin ich ein Familienmensch."

Er lachte mich an und deutete mir mit einer Kopfbewegung an, dass ich zu ihm kommen sollte. Mit einem Satz war ich auf der Couch und ließ mich von ihm kraulen. Ja, so gefiel es mir am besten!

Doch es gab auch die andere Seite, die Tage, an denen ich Daniel wegen seiner Schichten praktisch nicht zu Gesicht bekam. Er ist Arzt im Elisabeth-Krankenhaus und so ein Ärztedienstplan ist hart. Manchmal musste er sogar unsere Nachbarin darum bitten, mir meine Futternäpfe aufzufüllen, damit ich nicht zu kurz kam.

„Keine Angst, mein Freund, ich sorge dafür, dass du nicht verhungerst!", versprach er mir dann immer. Also ob ich das je angenommen hätte! Futtertechnisch war er ohnehin eher von der großzügigen Sorte. Als großer, kräftiger Mann liebte er schließlich selbst ordentliche Portionen, ich kann also nicht behaupten, dass ich da je zu kurz gekommen wäre.

Aber auch wenn er nicht da war, langweilig wurde es indes für mich nicht. Denn ich konnte mich in der Wohnung ja frei bewegen, jedes Zimmer so oft ich wollte inspizieren und über die Terrasse auch hinaus und draußen herumstromern. So schloss ich schnell Freundschaften.

Dass Weihnachten für Daniel etwas ganz Besonderes war, stellte ich schon in meinem ersten Jahr bei ihm fest. Wir fuhren zusammen zu seiner Familie in den Wald. Die haben vielleicht nicht schlecht geguckt, als er mich mitbrachte!

„Also, ich dachte immer, Katzen bevorzugen es, daheimzubleiben!", stellte seine Mutter kopfschüttelnd fest und goss mir ein Schälchen Milch ein.

„Andere Katzen vielleicht, aber nicht Hugo!", erklärte ihr Daniel grinsend. „Er stromert gern draußen herum und ist verdammt neugierig!"

Dann sah er mich streng an. „Pass bloß auf, wenn du raus gehst! Es liegt eine Menge Schnee und im Wald leben Tiere, die Katzen vielleicht nicht mögen!"

Letzteres hielt mich nicht davon ab, den Thüringer Wald zu erkunden, der Schnee indes schon. Ich hasse es nämlich, wenn mein Bauch von unten her nass und kalt wird. Deshalb blieb ich lieber drin und ließ mich von der ganzen Familie verwöhnen. Was für ein grandioses Fest. Dieses wiederholte sich dann auch im nächsten Jahr, doch dieses Jahr durchkreuzte etwas unsere Pläne! Daniels Dienstplan nämlich. Und die Grippewelle, die auch vor den Krankenhausärzten nicht haltgemacht hatte.

„Wir können nicht wegfahren, Hugo!", verkündete mir Daniel vor drei Tagen. Er sah richtig traurig aus.

So traurig, ehrlich gesagt, wie ich ihn noch nie zuvor erlebt hatte.

„Ich muss kurzfristig am Heiligen Abend in die Nachtschicht!", sagte er. „Und da Mama und Papa nicht mehr verreisen, Sonja mit ihrem dritten Kind hochschwanger ist und sich Peter gerade ein Bein gebrochen hat, haben alle genug damit zu tun, die Feier bei meinen Eltern vorzubereiten. Sieht also so aus, mein Freund, als ob wir dieses Weihnachten allein zu Haus verbringen! Ohne Festtagsbraten, denn meine Kochkünste kennst du ja!"

Na ja, das war nun eindeutig übertrieben, ich bevorzuge eindeutig Dosenkost. Andererseits war da aber vielleicht was dran, denn wenn seine Freunde kamen, kochten die meist, während sich Daniel um die Getränke kümmerte. Deshalb konnte ich Daniels Kochkünste nicht wirklich beurteilen. Doch ich kannte ihn gut genug, um ihm diese Selbsteinschätzung abzunehmen.

„Tja, und Ellen fährt mit Mirko zu dessen Eltern, Cornelius und Hubert sind bei ihren Eltern und Karsten hat Spätdienst auf der Intensivstation, kein Besuch also, Hugo, nur du und ich!"

Ein Weihnachtsfest ohne Besuch, ohne Wegfahren und ohne Festessen für Daniel also, das waren wirklich keine guten Aussichten! Daniel sauste schon wieder los ins Krankenhaus. Das war vorgestern! Und weil er ohnehin niemanden erwartete, hatte Daniel nicht mal eine Kerze aufgestellt! Keine Krippe, kein Lichterkranz, kein gar nichts. Die Wohnung sah aus wie immer. Es hätte genauso gut Ostern oder Erntedank vor der Tür stehen können.

Normalerweise hätte mir ein Weihnachtsfest mit Daniel allein ja nichts ausgemacht, wäre da nicht sein immer noch todtrauriger Gesichtsausdruck gewesen! Was mir ganz gut gefiel, mit ihm allein sein, deprimierte ihn zutiefst. Er brauchte die Gesellschaft von Menschen, so viel war klar, und wenn seine Freunde eben keine Zeit hatten, taten es notfalls vielleicht auch andere. Also fasste ich einen Plan – ich musste Daniel Gesellschaft verschaffen! Und ich hatte sogar schon eine Idee! Nur wie sollte ich die meinem Daniel beibringen?

Im Nachbarhaus, so hatte ich auf meinen Streifzügen festgestellt, lebte nämlich eine junge Frau, ungefähr in seinem Alter, die sich rührend um ihre betagte Mutter kümmerte. Die alte Dame war bereits seit drei Wochen bei ihr, das wusste ich genau, denn sie steckte mir immer einen Zipfel Kalbsleberwurst zu. Sie war also auch richtig nett. Und ihre Tochter war es sicher ebenfalls. Einen Mann oder andere Leute hatte ich nie bei ihr beobachtet, und ich wusste durchaus, was in der Nachbarschaft so vor sich ging. Doch wie sollte ich Daniel dazu bewegen, bei den beiden zu klingeln? Die beiden Damen, so meine Überlegung, würden sich über seine Gesellschaft sicher freuen, schließlich war er charmant, wusste viele interessante Geschichten zu erzählen und sah gut aus. Ein Gewinn für jede Gesellschaft sozusagen. Blöd nur, dass mir so wenig Zeit blieb!

Während Daniel auf dem Sofa Trübsal blies, beschloss ich zunächst, mich zu stärken. Zum Glück hatte er wenigstens genügend Dosenfutter für mich gekauft, stellte ich fest. Doch so richtig wollte mir mein Putenmenü nicht schmecken. Lustlos kaute ich darauf herum, nein, ich musste handeln, nicht futtern. Das konnte ich später, vorzugsweise in netter Gesellschaft, dann immer noch tun.

Als Daniel ins Krankenhaus aufbrach, begann es draußen zu schneien, auch das noch! Widerwillig steckte ich mein Köpfchen durch meine Katzenklappe, nein, bei diesem Wetter gingen höchstens Hunde vor die Tür, um ihre dringendsten Bedürfnisse zu stillen. Zudem verwandelte sich die Terrassenbrüstung bei Schnee und kalter Nässe ganz schnell in eine eisige Rutschbahn, da hatte selbst ein so begnadeter Kletterkünstler wie ich keine Chance! Mir blieb also nichts anderes übrig, als zu warten und darauf zu hoffen, dass das Wetter besser werden würde. Oder ein paar von Daniels Kollegen wie durch ein Wunder genesen würden, damit wir doch noch wegfahren konnten!

Doch leider wurde das Wetter kein bisschen besser. Und eine Wunderheilung gab es auch nicht. Das erkannte ich an Daniels Stimmung, die immer trüber wurde. Und ich konnte einfach nichts tun! Außer ihm beim Rotwein trinken zusehen und mich dick und rund zu futtern, denn in seiner momentanen Stimmung füllte er ohne nachzudenken meine Näpfe im selben Tempo auf, wie ich sie leer futterte.

Als er zur Nachtschicht aufbrach, hörte das Schneetreiben draußen endlich auf. Doch nun war es zu spät, denn mein genialer Plan, den ich mir inzwischen zurechtgelegt hatte, sah vor, dass Daniel zugegen war, wenn ich ihn ausführte. Das war zwingend nötig. Zudem war eine Durchführung mitten in der Nacht auch wenig vorteilhaft. Also wartete ich weiter, auf den richtigen Augenblick.

Ich wollte ihn mit den beiden Damen zusammenbringen, doch davon ahnte er natürlich nichts, als er an diesem speziellen Morgen nach Hause kam. Er war müde und sah irgendwie fertig aus. Kein Wunder, vermutlich waren viele Leute krank geworden und er hatte keine Pause machen können. Als er sich hinlegte, auf das Sofa, das direkt neben der Terrassentür stand, wartete ich gespannt. Die Sonne hatte den Schnee wegtauen lassen, beste Voraussetzungen also für einen Ausflug. Vorsichtig inspizierte ich die Lage. Ja, das müsste gehen! So auf den letzten Drücker seinen Menschen zu Weihnachten zu verabreden, ohne direkt mit ihm sprechen zu können, war eine Herausforderung, der ich mich schließlich zum ersten Mal stellte! Und dabei durfte nichts schiefgehen, denn mehr als eine Chance hatte ich nicht.

Ein Blick genügte, um mich zu beruhigen. Der Balkon meiner beiden Auserwählten lag direkt ums Eck. Für mich kein Problem, dorthin zu gelangen. Wie hätte ich mir auch sonst meine Wurstzipfelchen abholen sollen? Und dass die beiden Weihnachtsfans waren, war unschwer an der Menge ihrer auf dem Balkon drapierten Weihnachtsdekoration zu erkennen. Es gab Lichterketten, zwei kleine Tannenbäumchen, die in großen Trögen standen, und jede Menge Kugeln und Lametta. Wenn das keine eindeutigen Signale waren!

Daniel wurde erst kurz nach drei wieder wach, was mich schon sehr nervös machte. Nun kam es nur noch auf den richtigen Zeitpunkt an! Zu früh, und er war am Abend wieder allein, zu spät, und er musste schon wieder weg. Also wartete ich noch eine halbe Stunde, dann legte ich los. Ich sprang direkt auf seine Füße, um sicherzugehen, dass er auch wirklich wach war.

„Hey, Hugo, na, in Schmuselaune?", verstand Daniel mein Verhalten jedoch leicht falsch. Ich schnurrte ein bisschen und ließ mich zum Schein ein wenig kraulen. Dann sprang ich beherzt runter und lief schnurstracks auf die Terrasse.

„Du willst noch einen kleinen Vorweihnachtsspaziergang machen, mein Freund?", rief Daniel mir irritiert hinterher. Ich wuselte noch ein bisschen auf der Terrasse herum, um seine Aufmerksamkeit zu erlangen, was gar nicht so schwer war. Er warf sich seine Strickjacke über und folgte mir, perfekt! Als er draußen stand und mir dabei zusah, wie ich unsere Blumenkastenabdeckung durcheinanderwirbelte, ging ich zum zweiten Schritt über: Ich lockte ihn in die richtige Ecke. Als er nur noch zwei Schritte von mir entfernt stand, legte ich richtig los.

Mit einem Satz war ich auf der Brüstung, mit einem zweiten sprang ich auf den Eckbalkon. Doch dann passierte es: Ich verhedderte mich in der Lichterkette, taumelte nach vorn über die Balkonbrüstung und stieß dabei gegen einen der kleinen Tannenbäume. Daniel schrie auf, im gleichen Moment schepperte es ohrenbetäubend. Der Trog ging zu Boden, mit ihm der kleine Baum und die daran angebrachten Kugeln flogen in hohem Bogen über den ganzen Balkon. Ich war wohl ein wenig zu schwungvoll gewesen. Beherzt krallte ich mich an der gefährlich schwankenden Lichterkette fest, versuchte irgendwo Halt zu finden und krachte dabei gegen einen weiteren Strauß mit Kugeln und kleinen Weihnachtsengeln. Es schepperte wieder, Daniel schrie irgendwas, was ich aber aufgrund der ganzen Nebengeräusche nicht verstand. Dann tauchte erst die alte Dame und kurz darauf ihre Tochter auf dem Balkon auf.

„Um Himmels willen, was ist denn hier passiert?“, rief sie, während ihre Tochter krampfhaft bemüht war, mich irgendwie aufzufangen.

„Komm, Kleiner, lass die Lichterkette los, komm her, los!“, redete sie mir zu. Das ließ ich mir natürlich nicht zwei Mal sagen. Ich ließ los und landete direkt in ihren Armen. Durch die Wucht des Aufpralls, immerhin bin ich ja nun auch kein Leichtgewicht, taumelte sie ein wenig, fiel aber zum Glück nicht hin.

„Hugo, verflixt noch mal, was machst du denn da für einen Unsinn?“, hörte ich Daniel rufen. „Komm sofort wieder her!“

„Hugo heißt du also, du kleiner Frechdachs!", sagte die nette Frau. Sie hatte hübsche rote lange Haare und fast so grüne Augen wie ich. Ihre Stimme klang weich und freundlich und kein bisschen böse! Puh, das sah doch wirklich gut aus!

„Machen Sie sich keine Sorgen um ihren Klettermax!", rief ihre Mutter meinem Daniel zu. „Meine Theresa ist Tierärztin, sie kann ihn gleich untersuchen, nicht wahr?"

Theresa hieß sie also! Aha. Aber Tierärztin? Das hätte eigentlich nicht wirklich sein müssen. Ich bekam fast ein wenig Angst vor ihr.

„Also, wenn ich Ihnen helfen kann, bei der Beseitigung des Schadens ...", hörte ich Daniel sagen. „Am besten ich komme gleich mal rüber!"

Mit diesem Worten verschwand er von der Terrasse, während Theresa mich in ihr Wohnzimmer trug. Hier sah es ganz anders aus als bei uns, was nicht nur an der üppigen, wohlplatzierten Weihnachtsdekoration lag. Es gab einen riesigen Tannenbaum, der in der Ecke des Wohnzimmers stand und auf dem unübersehbar als Spitze ein funkelnder Weihnachtsengel thronte. Dazu standen überall Teller mit Nüssen und Plätzchen herum, es gab eine Holzkrippe und unzählige weitere kleine Gegenstände, die auf jedem freien Fleck abgestellt waren. Auch hatten sie deutlich mehr Möbel als wir, was das Zimmer kleiner, aber auch gemütlicher wirken ließ. Noch ehe ich dazu kam, mich weiter umzusehen, merkte ich, wie Theresa meine Pfötchen befühlte und mich abtastete.

„Mir fehlt nichts!", mauzte ich. Vielleicht verstand mich ja eine Tierärztin besser als Daniel. Sie beobachtete mich eine Weile, dann setzte sie mich auf den Boden.

„Ich glaube, du hast noch mal Glück gehabt, du kleiner Schlawiner! Sieht so aus, als wärest du unverletzt. Dass du hier immer mal herumkletterst, habe ich schon gemerkt, aber dass du solch halsbrecherische Aktionen startest? Pass bloß in Zukunft besser auf, ja?"

Sie sah mich ganz ernsthaft dabei an, ganz so, als wäre es für sie eine Selbstverständlichkeit, mit einer Katze zu sprechen, und als ginge sie davon aus, dass ich sie verstand. Natürlich verstand ich sie, doch das glaubten die meisten Menschen ohnehin nicht. Dann klingelte es Sturm an der Tür und Theresas Mutter ließ Daniel hinein.

„Es tut mir so leid, dass Hugo Ihren Balkon verwüstet hat!", sagte er zerknirscht und überreichte den beiden den noch verpackten Christstollen, den ihm seine Eltern geschickt hatten. Zudem eine Flasche Rotwein.

„Ich werde Ihnen den Schaden natürlich ersetzen!", bot er an und warf mir einen missbilligenden Blick zu. Ehe die Sache auf den letzten Metern noch schiefgehen konnte, begann ich, mauzend um Theresas Beine zu streichen. Ich musste seine Aufmerksamkeit irgendwie auf sie lenken. Und ja, es passte, denn er schaute erst mir eine Weile zu, dann bemerkte ich, wie sein Blick nach oben wanderte und an ihrem Gesicht hängen blieb.

„Sie sind Tierärztin?", fragte er mit belegter Stimme. Ja, ich hatte gewonnen! Er hatte angebissen! Leise schlich ich mich an Theresas Mutter heran, die bereits dabei war, den Balkon aufzuräumen. Jetzt erst bemerkte ich, welches Chaos ich angerichtet hatte. Daran hatte ich im Vorfeld gar nicht gedacht! Schuldbewusst schlich ich um ihre Beine! Dass sie an Weihnachten nun auch noch putzen musste, war wirklich nicht meine Absicht gewesen. Doch zum Glück gesellten sich schon bald Daniel und Theresa zu uns auf den Balkon. Gemeinsam schafften sie es in kürzester Zeit, alles aufzukehren. Auch wenn die Dekoration nun deutlich gelitten hatte.

„Macht nichts, Hauptsache Hugo ist nichts passiert!", stellte Theresa klar, als Daniel sich zum hundertsten Mal für meinen Fehltritt entschuldigte. Dann kamen sie endlich ins Gespräch. Theresa setzte Kaffee auf und schnitt den Christstollen an.

„Ich wollte einen backen, aber ich bin nicht mehr dazu gekommen!", erklärte sie verschämt. „An alles habe ich gedacht, Mama hat ein tolles Abendessen vorbereitet, nur den Christstollen habe ich vergessen!"

„Das macht doch nichts, Schatz!", erklärte ihre Mutter lächelnd und ließ ihre Hand in meine Richtung unter dem Tisch verschwinden. Darin ein Zipfelchen Leberwurst!

„Warum bleiben Sie nicht zum Essen?", hörte ich sie fragen.

„Gern!", antwortete Daniel, während ich mir die Leberwurst schmecken ließ. Nur gut, dass er nie erfahren würde, dass ich die ganze Aktion extra für ihn geplant hatte! Der deprimierte Gesichtsausdruck war jedenfalls verschwunden, stattdessen lief Daniel nun zur Höchstform auf, gab sich charmant und unterhaltsam, ganz so, wie ich es von ihm gewohnt war. Und die beiden Damen genossen seine Gesellschaft sichtlich. Als die drei in ein reges Gespräch vertieft waren, machte ich, dass ich wegkam. Über den Balkon zu flüchten, noch dazu ungesehen und ohne weiteren Schaden anzurichten, war ein Leichtes für mich. Ich glaube, sie haben es nicht einmal bemerkt. Daniel war nun jedenfalls gut untergebracht, also konnte ich nun meinen eigenen Interessen nachgehen. Ich hatte auf der ganzen Linie gewonnen – wenn das kein Weihnachtswunder war!

Miezi
und die Monstermaus

Ich weiß, dass die Meinungen darüber, ob man sein Haustier an Weihnachten beschenken soll oder nicht, auseinander gehen. Wir haben es immer getan, weil Miezi, unsere Katze, für uns ein normales Familienmitglied ist. Deshalb überraschte es mich auch nicht, dass unser Sohn Tom mir erklärte, wir bräuchten uns dieses Jahr nicht kümmern, er hätte schon was für Miezi, etwas ganz Besonderes.

Am Heiligabend, wir saßen alle zusammen und hatten gerade alle unsere Geschenke ausgepackt, lockte Tom unsere Miezi heran. „Guck mal, das ist für dich", sagte er und öffnete den Karton, den er heimlich an ihr vorbei ins Zimmer geschmuggelt hatte.

Miezi liebte Kartons über alles, vor allem wenn sie leer waren und sie sich darin verstecken konnte. Hier ging es aber nicht um den Karton und das sollte sie auch nicht missverstehen, deshalb setzte Tom den Inhalt, eine etwas kurios aussehende Spielzeugmaus, Miezi auch direkt vor die Nase. Sie zuckte zusammen, als die Maus plötzlich lossprang. Ich schrie kurz auf, was Tom nur ein Lachen entlockte.

„Bleib cool, Mama. Miezi kann sie jagen und erbeuten und ihr könnt sie immer wieder aufladen. Die hat sogar einen Sound Chip und kann Geräusche machen wie eine echte Maus. Cool, oder?"

Miezi fand das jedoch nicht, denn nachdem die Maus zurückkam, machte Miezi einen Satz unters Sofa, wo sie für den Rest des Abends auch blieb. Alle Versuche von Tom, Miezi da hervorzulocken, scheiterten.

Schließlich drückte ich ihm ein Wollknäuel in die Hand und legte den Pappkarton auf die Erde.

„Versuch es damit!", riet ich. Ich kannte doch unsere Miezi: Ein Wollfaden in Verbindung mit Karton war für sie das allerschönste Spielzeug. Und tatsächlich konnte sie nicht lange widerstehen und kam unter dem Sofa hervor. Nur die Chip-Maus guckte sie nicht an.

„Ist für sie bestimmt eine Monstermaus!", raunte Tom mir zu und ließ das Teil ganz fix verschwinden. Familienmitglieder erschreckt man nicht.

Weihnachtsmann sucht Vertretung

Ich liebe meine Kinder! Ja, ganz ernsthaft! Obwohl es nicht meine eigenen und sie auch alles andere als leise sind! Ich weiß, dass manche Menschen Vorbehalte gegenüber Heimkindern haben. Ich nicht! Mir macht sie das sympathisch, denn ich bin sogar in einem Heim geboren – in einem Tierheim! Allerdings habe ich dann, als ich allein für mich sorgen konnte, schnell das Weite gesucht und mich lieber draußen in Freiheit durchgeschlagen. Zunächst in der Stadt, dann habe ich für eine Weile auf einem Bauernhof gelebt. Zumindest so lange, bis sich der Bauer einen großen Schäferhund anschaffte, der mich auf Anhieb nicht leiden konnte. Ehe es zum Unglück kam, nahm ich mein Schicksal wieder selbst in die Hand und zog zurück in die Stadt.

Der Zufall ließ mich Gerhard über den Weg laufen. Es regnete und ich fragte mich, ob ich in dem Schuppen auf dem eingezäunten Grundstück hinter der Waldstraße nicht vielleicht einen Unterschlupf finden konnte. Zumindest so lange, bis die dunklen Wolken sich verzogen. Der Schuppen war Gerhards Werkstatt, und sie war auch nicht leer, denn er werkelte eifrig an ein paar kaputten Stühlen herum. Doch es schien ihn nicht zu stören, dass ich mich hineinschlich, im Gegenteil. Ohne große Worte holte er ein Schälchen und goss etwas von seiner Kaffeesahne hinein. Dann stellte er es mir wortlos vor die Nase. Überrascht machte ich mich darüber her, wer schlägt so eine Gelegenheit schon aus? Und verwöhnt war ich ja nun weiß Gott nicht. Trotzdem wunderte ich mich schon etwas. Erfahrungsgemäß fangen Menschen immer sofort an zu quatschen, wenn sie was machen oder jemanden treffen. Gerhard nicht, der war anders. Der fummelte an seinen Stühlen herum, während ich mich putzte. Als er ging, warf er mir einen fragenden Blick zu, und als ich keine Anstalten machte, den Schuppen zu verlassen, schloss er hinter sich die Tür. Er warf mich nicht raus, das war ein guter Anfang. Natürlich hatte ich längst gecheckt, dass im hinteren Bereich des Schuppens ein paar Bretter lose waren. Dort hätte ich jederzeit entwischen können, wenn mir die Sache zu brenzlig wurde. Mir einen Fluchtweg offen zu halten, hatte ich im Laufe der Jahre gelernt. Man weiß ja nie, in welche Situation man gerät, und manchmal ist es eben nötig, ganz fix zu verschwinden.

Im Schuppen war es hübsch ruhig. Niemand kam da hinein, nur Gerhard, und der brachte mir, als es draußen schon den zweiten Tag in Folge wie aus Eimern schüttete, sogar etwas zu fressen mit. Hatte er das grimmige Knurren meines hungrigen Magens gehört? Keine Ahnung, jedenfalls war von dem Moment an das Eis gebrochen.

Es wurde ein langer, harter Winter, der Schnee wollte einfach nicht wegtauen, und es fror bis in den April hinein. Gerhardt störte das weniger, er zog sich mehr und mehr Jacken an und stellte einen kleinen Ofen im Schuppen auf, sodass es schön warm wurde. Und da er mich nicht vor die Tür komplimentierte, blieb ich einfach. Am Anfang teilte er seine Kaffeesahne mit mir, aber dann besorgte er Katzenfutter in Dosen. Vielleicht, weil er seinen Kaffee nicht mehr schwarz trinken wollte. Wir arrangierten uns, ich kam ihm nicht in die Quere und er ließ mich bleiben. Für wie lange, wusste ich noch nicht.

Während ich also auf den Frühling wartete, nutzte ich die Zeit und sah mich um. Der Zaun umfasste nicht nur den Schuppen, sondern auch ein recht großes Haus mit vielen Fenstern. Abends, so hatte ich

bemerkt, wurde nicht nur der Schuppen verschlossen, sondern auch das Tor, das das Grundstück von der Straße trennte. Ich hatte in den vergangenen fünf Jahren, die ich nun schon wieder in der Stadt lebte, immer wieder Menschen beobachtet. Auch, wie sie mit ihren Kindern umgingen. So verwunderte es mich doch, dass in diesem Haus zwar Kinder lebten, aber keine Eltern dazu. Und die Erwachsenen, die hier täglich herkamen, gingen irgendwann wieder. Ein seltsamer Ort; ich konnte mir wirklich keinen Reim darauf machen. Gerhardt lebte jedenfalls auch auf dem Grundstück. Mit seiner Frau Margot. Sie arbeitete als Erzieherin im Heim, und sie war es auch, die mir einen Namen gab.

„Du siehst aus wie der kleine Kater aus meinem Lieblingskinderbuch!", sagte sie. „Er heißt Troll!"

Nun, mit dem Namen konnte ich leben.

Ich begann, mich vorsichtig den Kindern zu nähern. Sie lebten in Wohngruppen, die fast familiär strukturiert waren, mehrere Erzieherinnen und Erzieher kümmerten sich um jeweils eine Handvoll Kinder unterschiedlichen Alters, die locker als Geschwister durchgehen konnten und sich auch so verhielten. Sie stritten, neckten und vertrugen sich. Und fast immer hielten sie zusammen, wenn es darum ging, die Erzieher hinters Licht zu führen. Mich behandelten sie wie ein weiteres Familienmitglied. Aber als Kater hatte ich natürlich eine gewisse Sonderstellung, ich schlich durchs Haus, ohne dass sich jemand daran störte. Selbst für die Erzieher war meine Anwesenheit schon bald ganz normal, doch ich hielt mich an die Kinder! Mit Lucy, Ronny, Tamara und Kevin freundete ich mich besonders schnell an. Sie lebten alle zusammen in einer Wohngruppe, und es machte ihnen richtig Spaß, mich zu streicheln. Schnell gewöhnten sie sich an, mir morgens, bevor sie in die Schule gingen, noch etwas zu essen herauszuschmuggeln. Sie wollten mir wohl einen Gefallen tun, doch mich verwirrte es am Anfang eher, bis mir klar wurde, dass sie mir damit ihre Zuneigung bewiesen! Auch wenn ich Brötchen und Toast nicht besonders schätze, zählte allein der Wille. Wenn es nach den beiden Mädchen gegangen wäre, hätten sie mich Tag und Nacht gebürstet. Vor allem Lucy war sehr anhänglich. Kaum kam sie aus der Schule, hörte ich, wie sie mich suchte. Selbst Gerhardt fiel das auf. Doch so brummig er sich auch gab, die Kinder behandelte er immer sehr liebevoll.

Ich erkannte schnell, dass Kinder eine hervorragende Informationsquelle darstellen. Vor allem Lucy plapperte pausenlos, während sie mich streichelte. Lucy nahm mich, ohne zu zögern, mit in ihr Zimmer, setzte sich mit mir in die Sofaecke und plauderte los. Von den Dingen, die ihr in der Schule passiert waren, von Robert, ihrem Lieblingserzieher, der nicht nur ihr Lieblingserzieher, sondern der Lieblingserzieher aller Kinder im Heim war, und von ihrer Mutter, die auch in einem Heim lebte, wenn auch in einem ganz anderer Natur.

„Robert sagt, wenn sie ihr Problem in den Griff kriegt, dann darf ich auch wieder bei ihr wohnen!", erzählte sie mir ganz optimistisch. Lediglich Roberts ernster Gesichtsausdruck, der ihr Geplapper hörte, ließ mich ahnen, dass sie damit wohl nicht ganz richtig lag. Ich beschloss, mehr herauszufinden, was kein großes Problem darstellte, denn ich belauschte die Erzieher einfach bei ihrer Dienstbesprechung. In meiner Unauffälligkeit und der Tatsache, dass Menschen uns Tieren ohnehin nicht viel Grips zutrauten, lag mein Vorteil gegenüber den Kids. Wenn die sich irgendwo anschlichen und man sie bemerkte, bekamen sie einen Rüffel und wurden weggeschickt. Und so hörte ich, dass Lucys Mama ein Alkoholproblem hatte.

„Die bisherigen drei Entzugsversuche haben nichts gebracht", stellte der Heimleiter fest. Oje, das klang wirklich wenig optimistisch, gut, dass Lucy das nicht ahnte.

Zum Glück kümmerte sich Tamara, eine bildhübsche Vierzehnjährige mit braunen langen Haaren, rührend um sie. Wie eine richtige Schwester.

Ich schloss die Kinder ins Herz, Gerhard sowieso, also blieb ich, auch als es Sommer wurde. Meist stromerte ich tagsüber draußen herum, aber ich kam immer zurück. Denn da war eigentlich immer was los. Die Erzieher stellten Beschäftigungsprogramme auf die Beine, die ihresgleichen suchten: Abende am Lagerfeuer, Sommerfeste, zelten im Garten. Und die

Kinder revanchierten sich für so viel Einfallsreichtum mit kreativen Streichen, die sie ihnen spielten. Am liebsten verkohlten sie Herrn Ferdinand, den Heimleiter. Zugegeben, er sah schon aus wie das geborene Opfer: klein, schmächtig, wenig zäh. Er war eher still und in sich gekehrt, genoss aber ganz offensichtlich bei seinen Kollegen einen guten Ruf, und man konnte sich auf ihn verlassen, das wussten auch die Kids.

Einmal beobachtete ich, wie die Kinder einer anderen Wohngruppe auf seinen Wagen kleine Männchen drapierten – aus nasser Erde, Blüten, Blättern und allem Möglichen. Das Kunstwerk reichte von der Motorhaube über die Frontscheibe bis hin zum Dach. Der arme Kerl brauchte eine halbe Stunde, um den Kram von seinem Auto zu räumen!

Kurz vor den Sommerferien bekam Lucy dann tatsächlich die Information, dass ihre Mutter nun endlich den Entzug geschafft hatte.

„Ich bin so froh!", jubelte sie. „Dann kann ich vielleicht schon bald nach Hause!"

Sie war so glücklich, dass sie gar nicht bemerkte, welche Blicke sich ihre Pflegegeschwister zuwarfen. Auch Robert schwieg betreten.

„Sie macht sich wirklich Hoffnungen!", hörte ich ihn später zu Herrn Ferdinand sagen. „Aber nach so vielen gescheiterten Entzügen hält sich meine Zuversicht in Grenzen!"

Herr Ferdinand nickte. Dass Kevin und Tamara das ähnlich sahen, reimte ich mir zusammen. Sie waren besonders nett zu der Kleinen und auch für sie da, als ihre Mama sie nicht, wie versprochen, besuchte.

„So eine Krankheit ist oft unvorhersehbar!", versuchte Robert es ihr irgendwie zu erklären. Sie weinte bitterlich, es tat mir richtig weh. Wie kam es nur, dass Menschen ihre eigenen Kinder so behandelten? Merkte Lucys Mama denn gar nicht, wie sehr die Kleine sie brauchte? Auch wenn sieben Jahre für eine Katze ein stolzes, um nicht zu sagen das beste Alter war, für ein Menschenkind war das gar nichts. So verging also der Sommer, ohne dass Lucy ihre Mama zu sehen bekam. Dass die anderen Kinder eigentlich nie über ihre Familien sprachen, fiel mir in dem Zusammenhang besonders auf. Ich bekam nur mit, dass Oliver und Sebastian offenbar Brüder waren. Spätestens hier stieg ich geistig aus der Vorstellung aus, mir diese merkwürdigen Familienverhältnisse irgendwie erklären zu können, schon weil der eine Besuch von einer Oma bekam, die aber nicht die Oma des anderen Jungen war. Vielleicht, so überlegte ich mir, während ich Gerhard beim Werkeln zusah, vielleicht war der Familiensinn nicht bei allen Menschen gleich ausgeprägt. Ebenso wie bei Katzen, die ja für gewöhnlich nicht bis ans Lebensende Kontakt zu ihren Blutsverwandten pflegen. Ich beschloss, diese Kinder als das zu sehen, was sie waren – liebenswürdige Racker. Dabei hatten sie mein Herz längst erobert.

Als es auf Weihnachten zuging, wurde Lucy besonders deprimiert. Natürlich auch, weil ihre Mutter sie immer noch nicht besuchen konnte.

„Letztes Weihnachten war ich noch bei Mama!", erzählte sie mir. Dass sie schon viel reifer klang als andere Kinder in ihrem Alter, war kein Wunder. Ich ließ mich also von ihr streicheln und sie redete weiter. Auch davon, dass sie damals zwar noch daheim gewohnt, ihre Mutter sich aber schon nicht mehr um sie gekümmert hatte.

„Frau Reimann, unsere Nachbarin, hat mich zum Essen eingeladen, weil Mama betrunken war!", flüsterte sie.

„Dieses Jahr ist keiner betrunken!", versicherte ihr Robert, der plötzlich neben uns stand. Wie immer hatte er Wochenenddienst. Er war noch jung, hatte, wie ich wusste, keine eigene Familie, da bekam er natürlich meist die Schichten, die sich nicht so gut mit Frau und Kindern vereinbaren ließen. Aber es schien ihm auch nichts auszumachen. Er liebte die Kinder

und verbrachte seine Zeit gern mit ihnen. Mit den älteren führte er richtig ernsthafte Gespräche, mit den kleinen, wie Lucy, alberte er auch schon mal rum. Nun überredete er Lucy dazu, Weihnachtsgeschenke zu basteln.

„Aber du bist ja Weihnachten gar nicht da!", lehnte Lucy erst einmal ab. „Warum soll ich dir denn da ein Geschenk basteln?"

„Du sollst doch keins für mich basteln, Lucy. Bastle einfach für jemand anderen. Vielleicht für Troll? Du kannst auch für Gerhard ein Bild malen, das kann er sich dann in seiner Werkstatt aufhängen! Malen kannst du doch so besonders schön!", ließ Robert nicht locker.

„Aber du bist nicht da!", beharrte Lucy trotzig.

„Das macht doch nichts, Lucy!", sagte Robert einfühlsam. „Weihnachten fällt doch nicht aus, nur weil ich einmal nicht da bin. Weißt du, ich komme fast jedes Wochenende und übernehme auch sonst freiwillig die Feiertagsdienste. Aber dieses eine Weihnachten muss ich unbedingt freihaben. Ich muss nämlich etwas in Ordnung bringen!", sagte er geheimnisvoll.

Dass es ihm ernst war mit Weihnachten, erkannte ich daran, dass er auch seinen Chef immer wieder an sein freies Weihnachtsfest erinnerte. Er hatte wohl offenbar wirklich etwas vor. Etwas, das keinen Aufschub duldete und enorm wichtig zu sein schien. Es weckte meine Neugier, doch vorläufig kam ich nicht dahinter.

Während Lucy sich letztlich doch vom Bastelfieber anstecken ließ, beobachtete ich Gerhardt, wie er überall

Lichterketten anbrachte. Und in den nächsten Tagen ging es Schlag auf Schlag: Mehrere Weihnachtsbäume wurden geliefert und von Kindern und Erziehern in den verschiedenen Wohnräumen aufgestellt und von den Gruppen geschmückt. In der Küche wurden Plätzchen gebacken, nebenbei gesungen und das ganze Haus geputzt. Sie hingen nicht nur Lichterketten auf, sondern auch Strohsterne, und stellten überall Kerzen und kleine Puppenstuben, die sie Krippen nannten, auf. Darin standen kleine Holzfiguren, die fast so aussahen, als ob sie einen Bauernhof nachstellten. Dazu eine Mama, ein Papa und ein Baby, richtig niedlich. Lucy staubte sie jeden Tag ab und ordnete die kleinen Figuren wieder ganz korrekt und liebevoll an. Und es wurde heftig weitergebastelt! Da keiner sehen sollte, was der andere so trieb, verbarrikadierten sich manche sogar in den Schlafräumen.

Nur ich konnte ungestört von einem Zimmer zum nächsten stromern und nach dem Rechten sehen. An den Adventssonntagen saßen nachmittags alle gemütlich beieinander, Robert las aus einem dicken Buch Geschichten vor und es wurde Kakao getrunken und Plätzchen gegessen. Es war zauberhaft, die Stimmung ganz besonders heimelig und selbst Lucy vergaß fast, dass es ihr erstes Weihnachtsfest im Kinderheim sein würde. Meines übrigens auch, wenngleich es mir schon leidtat, dass Robert nicht dabei war. Denn er schaffte es wirklich, die Kinder in die richtige Stimmung zu versetzen. Doch von seinem Plan, einmal sein Privatleben an die erste Stelle zu setzen, rückte er keinen Moment ab. Auch nicht, als ein paar der Erzieherinnen ihn inständig baten zu tauschen. Er lehnte ab, wenngleich es ihm sichtlich schwerfiel.

Dann war er da, der Heilige Abend, und ich war schon sehr gespannt darauf, wie so ein Weihnachtsfest ablaufen würde. Der Vorspann, den Robert als Adventszeit bezeichnet hatte, war ja schon mal ganz nett, heute sollte es zum ultimativen Höhepunkt kommen. Herr Ferdinand hatte sich selbst eingeteilt und Margot war natürlich mit ihrem Gerhard dabei, dann noch zwei recht junge Erzieherinnen, die keine eigenen Kinder hatten und es deshalb nicht so schlimm fanden, an dem Tag zu arbeiten.

„Es kommen so viele, wie kommen müssen, alle anderen bleiben bei ihren Familien!", hatte ich den Boss sagen hören. Er war eben nett, und das wussten alle. Da er Gerhard ganz großzügig als Betreuer mitzählte, hieß das, dass eine Erzieherin mehr freibekommen konnte. Sie freute sich sehr und Robert, der hatte heute natürlich auch freibekommen.

Bis zum Mittag verlief der Tag eigentlich wie immer. Doch dann passierte das Drama, mit dem keiner rechnen konnte. Margot erfuhr es als Erstes, und zwar übers Telefon.

„Heidrun ist mit dem Auto verunglückt!", rief sie aufgeregt und lief schnurstracks an Gerhard und mir vorbei zu Herrn Ferdinand. Nach einigen weiteren Telefonaten konnte der zumindest teilweise Entwarnung geben.

„Sie ist nur leicht verletzt, steht aber unter Schock!", klärte er Gerhard und Margot auf. „Sie ist auf der Landstraße ins Schleudern gekommen, weil ein Reifen geplatzt ist. Der Wagen hat sich wie ein Brummkreisel gedreht und ist in den Straßengraben gekracht! Zum Glück kam gerade kein anderes Auto und es stand auch kein Baum im Weg. Trotzdem, arbeiten kann sie heute nicht! Ich habe mit Clara telefoniert, schließlich brauchen wir ja Ersatz, aber sie ist so erkältet, dass sie befürchtet, alle anzustecken. Sie kann nicht einspringen, so leid es ihr tut." Er sah einigermaßen ratlos aus, kein gutes Zeichen!

Die Kinder hatten das Drama zum Teil mitbekommen, was der Weihnachtsstimmung natürlich nicht besonders zuträglich war. Ich gab mir große Mühe, Lucy zu bespaßen, aber die Angst stand ihr ins Gesicht geschrieben. Die Plätzchen rührte plötzlich niemand mehr an und die bevorstehende Weihnachtsfeier schien auch auf einmal in Gefahr.

„Wenn sie keinen finden, der kommt, dann teilen sie uns auf und bringen uns woanders unter!", unkte Oliver. „Ich lebe seit Jahren in Heimen, ich weiß, wie so was läuft! Es gibt einen Betreuungsschlüssel, den müssen sie einhalten, egal wie."

„Aber das können sie doch nicht machen!", protestierte Sebastian. „Hast du das schon mal erlebt? Dass sie alle aufteilen?"

Oliver schüttelte den Kopf. „Nein, aber dass es personell mal knapp wurde, schon. Dann wurde es immer hektisch!"

„Ja, aber es ist Weihnachten, da teilt doch niemand bestehende Gruppen auf!", wandte Tamara entschieden ein. „Das können die doch nicht mit uns machen!"

Kevin setzte sich neben Lucy und strich ihr tröstend über den Kopf. Auch er wirkte sehr nachdenklich. „Am Ende geht's nicht um wollen oder können", stellte er fest. „Es geht darum, dass jemand die Verantwortung übernehmen muss, wenn was passiert. Und an Weihnachten sind eben viele weggefahren, sie haben es uns doch erzählt! Meint ihr, in anderen Heimen ist das anders? Da draußen haben fast alle eine Familie, mit der sie feiern wollen! Und im Zweifel ist die eben wichtiger als wir! Seien wir ehrlich, wir wünschen uns doch alle, auch so eine Familie zu haben!"

„Ihr seid meine Familie!", sagte Lucy plötzlich. „Und ich will nicht woanders hin!"

„Niemand geht woanders hin!", unterbrach Gerhard die düsteren Spekulationen. „Wir machen jetzt erst einmal Weihnachtsmusik an und dann trinken wir noch einen Kakao. Der Boss telefoniert gerade und ich bin sicher, ihm fällt was ein. Es gibt immer eine Lösung, verstanden? Hört auf, den Kleinen Angst zu machen, ja?"

Gerhard nickte Kevin und Tamara zu. Die beiden kümmerten sich auch um den Kakao und die Plätzchen, Tamara brachte mir sogar ein Schälchen Sahne mit aus der Küche, wie nett von ihr. Sebastian machte sich an der Musikanlage zu schaffen und stellte so die Musik an. Und weil Tamara Lucy zum Tischdecken einteilte, vermutlich um sie abzulenken, schlich ich mich leise davon. Wäre doch gelacht, wenn ich nichts herausfinden würde! Nicht, dass ich den Kindern hätte wirklich helfen können, aber ich war eben gern vorbereitet. Also tigerte ich zum Büro des Heimleiters.

„Wir müssen", stellte er gerade mit ernstem Gesicht fest, „wohl oder übel jemanden aus dem Urlaub zurückbeordern!" Er sah Margot an, die auch einigermaßen ratlos wirkte. Wie ungern er das tat, war ihm deutlich anzumerken. Er griff zum Telefon, während Margot das Zimmer verließ und Gerhard bei den Kindern unterstützte, ich dagegen blieb. Ich beobachtete sein Zögern und seine Mimik, doch dann tippte er entschlossen eine Nummer ein. Ich hielt den Atem an. Nein, das würde wirklich kein angenehmes Gespräch werden!

„Es tut mir wirklich sehr, sehr leid!", sagte er und ich ahnte, mit wem er sprach. „Aber Conny ist mit ihrem Mann nach Bayern gefahren und Timo bei seinen Eltern an der Ostsee. Die können gar nicht herkommen, zumindest nicht heute! Und Otto ist bei seinen schwer kranken Eltern, du weißt doch, die Mutter hat Alzheimer, wer weiß, ob sie nächstes Weihnachten überhaupt noch etwas mitbekommt. Robert, ich weiß sonst wirklich nicht, wen ich noch anrufen soll! Du kennst doch die Vorgaben!"

Herr Ferdinand musste nicht lange weiterreden und die Kinder nicht länger zittern, es dauerte keine halbe Stunde und Robert stand in der Tür. Sichtlich geknickt, aber gesund und munter.

„Ein Unfall an Heiligabend ist wirklich schrecklich!", begrüßte er Margot, die ihn auch recht vorsichtig musterte. Wusste sie vielleicht, was er vorgehabt hatte? Wenn ja, hatte sie es ihrem Gerhard jedenfalls nicht gesagt, denn der war völlig ahnungslos, was er auch unumwunden zugab.

„Wer weiß, vielleicht wollte er seiner Freundin einen Antrag machen?", spekulierte Tamara lächelnd. „Er hat eine Freundin, das weiß ich!", beharrte sie, als Sebastian das infrage stellte. „Warum also sollte er sie nicht heiraten wollen? Und so ein Antrag, ganz romantisch unterm Weihnachtsbaum, das ist doch was!"

„Weiberkram!", spottete Oliver. „Auf so was kommen echt nur Mädchen! Ich schätze, er wollte endlich mal mit seinen Kumpels um die Häuser ziehen und so richtig einen draufmachen! Er kommt ja sonst nie dazu!"

„Aber dazu braucht er ja nicht unbedingt Weihnachten!", wandte Tamara entschieden ein. „Er hat aber gesagt, dass er unbedingt Weihnachten freihaben will! Also muss es wohl etwas sein, dass nur an Weihnachten geht!"

Gegen diese Logik kam Oliver nicht an, das gab er auch zu. „So kriegen wir es jedenfalls nicht raus!", stellte Tamara resigniert fest. „Wir können nur raten!"

„Oder ihn einfach fragen?", schlug Kevin vor, machte aber keinerlei Anstalten vorzupreschen und die Sache in die Hand zu nehmen. Das übernahm tatsächlich Lucy, die, als sie merkte, dass es sonst keiner tat, einfach zu Robert hinüberlief. Er schaute gedankenverloren aus dem Fenster, es war inzwischen dunkel geworden und Lucy musste ihn anstupsen, damit er sie überhaupt bemerkte.

„Warum bist du so traurig?", fragte sie ihn ganz direkt. „Was wolltest du denn unbedingt heute machen?"

Alle hielten den Atem an, selbst Herr Ferdinand und Gerhard, die gerade hereingekommen waren.

„Ich wollte einen Fehler wiedergutmachen, der mir letztes Weihnachten unterlaufen ist!", gab er zu und nahm Lucy in den Arm, die sich ohnehin an ihn schmiegte.

„Was hast du denn für einen Fehler gemacht?", fragte die Kleine in ihrer kindlichen Naivität weiter. Nun bemerkte Robert auch, dass sich alle Blicke auf ihn richteten.

„Na gut, setzen wir uns!", sagte er und nahm Lucy an die Hand. Sie ließen sich direkt vor den Kannen mit dem frischen Kakao nieder und Robert griff gedankenversunken nach einem Weihnachtsplätzchen.

„Meine Nichte, Mia, ist jetzt vier Jahre alt!", begann er. „Im letzten Jahr hat mein Bruder mich gefragt, ob ich mir zutraue, als Weihnachtsmann von ihr den Nuckel zu kassieren, weil sie mit drei schließlich schon ein bisschen alt dafür ist. Und er und seine Frau haben die hübsche Regel, dass die Kinder mit drei Jahren ihren Nuckel dem Weihnachtsmann geben müssen, im Austausch gegen die Geschenke, versteht sich. Bei den beiden älteren Kindern, Noah, er ist inzwischen neun, und Miriam, sie ist jetzt sieben wie du, Lucy, hat es auch prima funktioniert. Sie haben ihre Nuckel immer freiwillig abgegeben, war überhaupt kein Problem. Allerdings war ich nicht der Weihnachtsmann, sondern mein Bruder Johannes. Nur der konnte letztes Jahr nicht, er fährt zur See und war unterwegs. So wie dieses Jahr auch. Da sind sie auf mich gekommen. Und ich dachte natürlich, dass ich Mia ihren Nuckel abnehmen könnte, zugesehen, wie man das macht, hatte ich ja schon zwei Mal. Doch die Sache ging gründlich schief!" Robert schüttelte ratlos den Kopf, während Margot sich ein Grinsen nicht verkneifen konnte. „Hey, ich bin Erzieher, ich sollte so was können!", redete Robert weiter. „Doch Mia hat mich total um ihre kleinen Fingerchen gewickelt. Erst hat sie ein Gedicht aufgesagt, dann sogar noch ein Lied gesungen, ich habe gar nicht gemerkt, ab wann die Sache aus dem Ruder lief. Auf jeden Fall stand sie am Ende mit einem Berg voller Geschenke da und als ich dann den Nuckel verlangte, hat sie ein Geschrei veranstaltet, als ob das Abendland unterginge. Ich habe es einfach nicht übers Herz gebracht, ihr das Teil einfach wegzunehmen! Dass mein Bruder das nicht witzig fand, könnt ihr euch ja denken, denn Mia nuckelt fröhlich weiter, bis heute!"

Irgendwoher war ein leises Kichern zu hören, doch die meisten rissen sich zusammen. Die ganze Tragik der Geschichte erschloss sich mir gewöhnlichem Kater natürlich nicht, den Menschen um mich herum allerdings schon, das war offensichtlich.

„Und heute wolltest du einen neuen Versuch starten?", hakte Kevin nun nach. Robert nickte. „Klar, ich habe Mia das Puppenhaus gebaut, das sie schon immer haben wollte! Und mein Plan war wirklich genial! Ich wollte ihr das Teil zeigen und ihr dann den Nuckel abnehmen. Und erst dann sollte sie es bekommen. Ich hatte mir ganz fest vorgenommen, knallhart zu bleiben und mich auf nichts einzulassen! Ich habe sogar alle Varianten vor dem Spiegel durchgespielt!"

Nun lachte Margot wirklich. „Du und hart bleiben, na das will ich sehen!"

„Doch!", beharrte Robert. „Ich wäre hart geblieben. Schon, um Jacob zu beweisen, dass auch sein kleiner Bruder es draufhat. Ich muss mich an Johannes messen lassen! Und glaubt mir, es ist nicht immer ein wahres Vergnügen, mit zwei älteren Brüdern aufzuwachsen, die auf fast allen Gebieten als Überflieger gelten, Sportskanonen waren und so ziemlich alles mit Bravour bestanden! Ehrlich, das war eine Riesenblamage letztes Jahr, doch das Schlimmste ist dieser furchtbare Nuckel, den Mia immer fröhlich durch die Luft schwenkt, wann immer ich sie sehe! Und dann treffen mich tausend böse Blicke von Mama, Papa und sämtlichen Verwandten!"

Oje, das konnte ich mir nun wieder gut vorstellen – nein, wirklich nicht schön.

„Und morgen ist es zu spät für deinen Plan, oder?", fragte Lucy leise.

Robert nickte. „Klar, heute ist Weihnachten, heute kommt der Weihnachtsmann und bringt das Puppenhaus. Besser gesagt, er kommt heute natürlich nicht, weil ich ja nicht hinfahren kann und auf die Schnelle natürlich keinen Ersatz gefunden habe. Ich meine, an Heiligabend treibt man nicht mal schnell so kurz vor knapp einen vertrauenswürdigen Weihnachtsmann auf. Meine Kumpels haben mir jedenfalls alle einen Korb gegeben und meine Verlobte, nun ja, sie ist echt kein Weihnachtsmann, nicht mal ansatzweise! Das nimmt Mia ihr nicht ab, die Kleine ist schließlich ziemlich gewitzt. Also hat der Weihnachtsmann, so die Version, die sie nachher Mia präsentieren, das tolle Puppenhaus vertrauensvoll ihren Eltern übergeben, weil er selbst leider, leider verhindert ist. Ich hoffe ja, das sie davon so begeistert ist, dass sie den Weihnachtsmann als solchen kaum vermisst, immerhin muss sie nicht mal ein Gedicht aufsagen oder ein Lied singen. Und ihr den Nuckel ohne eine Gegenleistung zu entlocken, das kann ich vergessen. Hat sie das Puppenhaus erst mal, nuckelt sie fröhlich noch ein Jahr weiter! Schon, um uns alle zu foppen!"

„Im nächsten Jahr kriegst du garantiert frei!", versprach sein Boss prompt. „Und wenn ich einen mehr einteile, zur Sicherheit!" Robert nickte. Doch zufrieden wirkte er nicht.

„Nimm ihr das blöde Nuckelding doch einfach weg!", schlug Sebastian wenig einfühlsam vor. „Okay, dann schreit sie vielleicht, aber irgendwann hört sie auch wieder auf!"

„Na du bist ja vielleicht einer!", widersprach Tamara vehement. „Das kann man doch nicht machen! Du könntest den Nuckel aber einem Loch, der Toilette oder dem Abfluss verschwinden lassen", schlug sie stattdessen vor. „Dann ist er ganz einfach weg und sie kann ihn nicht zurückhaben. Und so wie du Mia beschrieben hast, akzeptiert sie schon vor lauter Trotz keinen neuen Nuckel."

Robert wiegte zweifelnd den Kopf. „Ich weiß nicht, ihr habt echt keine Ahnung, wie zickig Mia sein kann!"

„Und nachher ist es zu spät?", erkundigte sich nun Gerhard. „Ich meine, du hast ja keine Nachtschicht!" Robert nickte bedächtig. „Mein Bruder hat recht strenge Regeln – Kinder, die noch nicht in die Schule gehen, haben um sieben im Bett zu liegen, ohne Ausnahme. Ausnahmen verderben die Erziehung, davon ist er überzeugt. Und ehrlich, der zieht das durch, Mia liegt um sieben im Bett, garantiert!"

„Wow, das muss man erst mal schaffen!", stellte Margot anerkennend fest.

„Dann nimmst du ihr den Nuckel weg, während sie schläft und ihr sagt ihr dann, das war die Nuckelfee, die ihn zurückgezaubert hat!", mischte sich nun auch Lucy ein.

„Es gibt aber keine Nuckelfee!", konterte Ronny.

„Na und? Einen Weihnachtsmann gibt's doch auch nicht!", argumentierte Lucy ziemlich clever. Süß, auf welche Einfälle die Kids so alles kamen. Es wurde immer abenteuerlicher und am Ende verpassten sie fast die Bescherung. Auf jeden Fall war die Zeit wie im Flug vergangen. Es war längst nach acht, Mia schlief bestimmt schon tief und fest, als die Nachtschicht eintrudelte, zwei Nonnen aus der örtlichen Klosterschule übernahmen nicht nur die Gute-Nacht-Geschichten an diesem Abend, sondern auch die Nachtwache.

„Das hat hier schon Tradition und die Schwestern sind echt nett!", klärte Kevin Lucy auf, die recht skeptisch guckte. Bei der Bescherung hatte sie eine hübsche Kette bekommen und sie fragte sich immer noch, wer ihr Geschenk gebastelt hatte. Denn die Kinderheimtradition, so hatte ich gelernt, sah auch vor, dass jedes Kind ein Geschenk für ein anderes bastelte, man aber nicht erfuhr, für wen es war. Deshalb wusste auch keiner, außer derjenige, der es gemacht hatte, von wem das eigene Geschenk war. Nun, ich hätte Lucy sagen können, dass Tamara ihre Kette gebastelt hatte, ich hatte ihr ja dabei zugesehen, doch ich behielt es für mich. Just in dem Moment, als ich draußen einen kleinen Erkundungsgang machen wollte, wurde auch Robert abgeholt. Völlig unerwartet für ihn, denn er wollte schon zur Straßenbahn laufen.

„Elisa?", wunderte er sich. Seine Verlobte, erkannte ich. „Was machst du denn hier?"

Sie stieg lachend aus und schwenkte einen merkwürdigen kleinen Gegenstand triumphierend hin und her. „Ich hab es geschafft!", jubelte sie. „Sag nie wieder, dass ich kein perfekter Weihnachtsmann bin! Ich habe heute den Beweis erbracht, dass ich alles kann! Sogar Mia den Weihnachtsmann vorspielen, na ja genauer gesagt, die Vertretung des Weihnachtsmanns, der leider mit dir arbeiten gehen musste und deshalb mich geschickt hat. Und als Beweis, dass sie ihr Puppenhaus wirklich bekommen hat, musste sie mir den da geben!", lachte Elisa und schwenkte das Teil erneut übermütig hin und her.

„Sie hat dir den Nuckel gegeben? Ganz freiwillig?", fragte Robert fassungslos. Elisa kam aus dem Lachen gar nicht mehr heraus.

„Mehr oder weniger. Sie hatte die Wahl – ohne Nuckel gab's kein Puppenhaus, darüber habe ich nicht verhandelt. Und da ich ja nur die Vertretung war, hatte ich da leider gar keine Spielräume. Also hat sie mir das Ding gegeben, denn dein Puppenhaus war am Ende viel reizvoller als so ein blöder, runtergekauter Nuckel. Weißt du, was sie mir dazu gesagt hat?"

Robert schüttelte den Kopf. Elisa lachte erneut auf. „Sie meinte, sie sei eh zu groß dafür! Und er wäre ohnehin kaputt!"

Nun lachten sie beide und ich machte mich beruhigt auf den Weg nach draußen, um ein paar Mäuse zu jagen. Ich bin sicher, Robert wird den Kids den Ausgang der Geschichte nicht vorenthalten!

Ein fast sicheres Versteck

Nachdem Pauli, unser Kater, im vergangenen Jahr so begeistert beim Einpacken der Weihnachtsgeschenke geholfen hatte, dass wir ein paar Extrabogen Geschenkpapier besorgen mussten, wollten wir dieses Jahr die Geschenke heimlich verpacken. Unser Plan war ganz simpel: Wir zogen uns zum Geschenkeverpacken ins Esszimmer zurück und schlossen die Tür. Pauli, der sonst in jedes Zimmer durfte, miaute draußen und kratzte an der Tür. Doch wir ließen uns nicht erweichen. Am späten Abend verstauten wir die verpackten Geschenke auf dem Schlafzimmerschrank und gingen schlafen.

„Ich habe die ganze Nacht vom Geschenkeverpacken geträumt", sagte mein Mann am nächsten Morgen. „Sogar das Rascheln habe ich ge…"

Er unterbrach sich und starrte Richtung Schrank. Dort hing ein Fetzen Geschenkpapier von der Oberkante. Wir starrten einander entsetzt an. „Wie ist er da nur raufgekommen?", fragte ich schließlich. Immerhin war der Schrank zwei Meter zwanzig hoch.

Wir legten uns auf die Lauer und siehe da: Pauli zeigte uns sein Kunststück. Von der Bettkante aus sprang er auf eine Kommode, von dort aus auf die Oberkante der offenen Tür, die unter dem Aufprall sanft bis zum Schrank zurückglitt.

Noch am gleichen Abend starteten wir die Aktion Geschenkcverpacken von Neuem. Diesmal wurde alles im Wäscheschrank eingeschlossen und der Schlüssel sicher verwahrt. Allerdings legten wir ein paar übrige Kartons und Papierverschnitt auf den Schrank, um Pauli nicht zu enttäuschen.

Katzenmusik

„Hoffentlich weiß Oma das auch zu würdigen, was deine Schwestern da veranstalten", sagte ich zu meiner Jüngsten, als wir in der Küche Plätzchen ausstachen. Aus dem Kinderzimmer am Ende des Flurs drangen die Töne einer Blockflöte und einer Geige. Schon seit über einer Stunde übten Johanna und Lisa für das Konzert, das sie für ihre Oma an Weihnachten spielen wollten. Vom Eifer der beiden war ich beeindruckt. Allerdings zehrten die schiefen Töne inzwischen auch an meinen Nerven, die so kurz vor dem Fest sowieso schon blank lagen. Johanna und Lisa könnten nun ruhig einmal aufhören, fand ich, und beim Plätzchenausstechen helfen.

Tiger, der kleine Kater, der seit ein paar Wochen zur Familie gehörte, verhielt sich ungewöhnlich ruhig. Zusammengekauert saß er unter dem Küchentisch und sah aus, als wolle er jeden Moment flüchten.

„Das klingt richtig schrecklich", ließ sich Annelie vernehmen, während sie mit Kennermine eine Ausstechform in den Teig drückte. Wenig diplomatisch, aber sie hatte nicht ganz unrecht.

„Sag ihnen doch, dass sie mit Plätzchen ausstechen sollen", schlug ich vor.

„Nee, die hören sowieso nicht auf mich", schmollte Annelie. Sie konnte noch kein Instrument spielen und war von den größeren Schwestern aus dem Kinderzimmer verbannt worden. Die beiden wollten in Ruhe üben.

„Tiger scheint es auch nicht so gut zu gefallen", stellte ich mit einem Blick unter den Küchentisch fest.

Wie auf ein Stichwort kroch Annelie unter den Tisch, kam mit dem Kater im Arm wieder hervor und lief durch den Flur zum Kinderzimmer. Kurz darauf hörte ich den Kater fauchen, die Musik brach jäh ab und Tiger sauste wie ein Blitz durch den langen Flur zurück. Er verkroch sich hinter einem Schrank.

Meine Mädels erschienen alle drei in der Küchentür. „Komisch, Tiger hat unsere Musik gar nicht gefallen", sagte Johanna.

„Ich glaub, er hat sich erschrocken", meinte Lisa. Beide blickten missmutig. Tiger hatte seine Meinung zur Musik anscheinend sehr deutlich gemacht.

„Wer will die Plätzchen probieren?", rief ich und rettete die Stimmung. Jeder wollte probieren, und die restlichen Plätzchen stachen wir gemeinsam aus.